円安好況を止めるな！

金利と為替の正しい考え方

高橋洋一
Yoichi Takahashi

JN107847

本書は、2023年2月中旬までの情報に基づき執筆されています。

目次

序章　円安がチャンスである理由

「成長ゲタ」を履いた日本は先進国のなかでも有利

「近づく円安恐慌」「いよいよ始まる倒産連鎖」「間もなく訪れる株式市場の死」

相変わらずマスコミは過激な見出しで国民の不安をあおり、フェイクニュースを垂れ流している。

外国為替市場では、2022年3月からドル高円安傾向が続き、同年10月には1ドル150円台に乗せた。これは1990年以来の水準だ。

これを受けて、日本経済新聞などは、円安では日本の成長力が高まらないという文脈で「悪い円安論」を展開した。

だが、それは大きな間違いだ。なぜなら、円安は国内総生産（GDP）にとってプラス要因だからだ。

古今東西、経済政策において自国通貨安は「近隣窮乏化政策」(Beggar thy neighbour)として知られている。

通貨安は輸出主導の国内エクセレントカンパニーに有利となり、輸入主導の平均的な企業には不利となるが、日本経済全体としてはプラスになる。

そのため、輸出依存度などにかかわらず、どんな国でも自国通貨安はGDPを押し上げる。もしこうした国際経済の常識を覆せるのなら、それは世紀の大発見だ。

通貨安に関しては、海外から批判されることはあっても、国内で批判して円安を止めようとするのは国益に反する行為だ。

これは、国際機関の経済分析からも知られている。経済協力開発機構（OECD）の経済モデルによれば、10％の円安で、1～3年以内にGDPが0・4～1・2％増加する。

円安メリットを最も享受しているのは、外国為替相場の安定のために設けられた「外国為替資金特別会計」を持つ日本政府だ。国が海外に保有している資産から負債を除いた「対外純資産」は、90年末に44兆円だったが、21年末には411兆円に急増した。

外貨債を持っている日本にとっては、メリットしかない。円安によって、日本経済は1～2％程度の「成長ゲタ」を履いており、ほかの先進国より有利になっている。

しかし、マスコミはこうしたマクロ経済ではなく、交易条件の悪化など、ごく一部の現象のみを取り上げて「円安が悪い」と印象操作をしているのだ。

もちろん、輸入比率が高い中小企業にとっては逆風だが、輸出比率が高い大企業にとっては追い風になる。

そのため、中小企業のマイナスを補ってあまりあるから、GDPや税収が増えるという
わけだ。
企業収益増は法人税増につながるが、その増収分を円安で困っているところ、たとえば中小企業などには景気対策のなかで手当てを行えばいい。円安で困った人に対して、税収が増えた分のお金を回せないことが問題なのだ。
いずれにしても円安はGDP増になるから、その果実を有効に活用すればいい。間違っても、角を矯めて牛を殺すような「円安是正という愚策」で対応してはいけない。

「悪い円安論」を否定する好調な企業の業績

円安によって企業の業績は好調だ。

財務省が22年9月に発表した21年度の法人企業統計では、全産業の経常利益が前年度比33・5％増となる83兆9247億円だった。3年ぶりの増益で、比較可能な1961年度以降で最大だ。

企業の内部留保に当たる利益剰余金は、6・6％増の516兆4750億円と初めて500兆円を超え、10年連続で過去最高を更新した。

全産業の営業利益は30・2％増の54兆２１５６億円。また、有形固定資産（土地を除く）増減額、ソフトウエア増減額、減価償却費、特別減価償却費の合計である設備投資は、９・２％増の45兆６６１３億円だった。

利益剰余金の前年度比増加額は32兆１１０２億円で、基本的には利益以上にほかの金融資産を取り崩して設備投資をしており、まずまずの数値だ。

しかし、政府の公共投資はさっぱりだ。政府が出てくれば、呼び水効果でさらに民間投資を伸ばすチャンスなのに、残念でならない。

公共事業を評価する際には、同じ財の現在と将来の交換比率である「社会的割引率」という数値が使われるが、これが現在４％という法外な水準で定められている。

この社会的割引率の見直しなど、政府がやるべきことは少なくない。せっかくの民間投資が好調な状況を生かしきれていない。

ちなみに、22年４～６月分の法人企業統計は、全産業の営業利益が前年同期比13・１％増の17兆６７１６億円、経常利益が17・６％増の28兆３１８１億円。経常利益については、製造業、非製造業それぞれ過去最高だった。

営業利益が伸びたのは、コロナ禍から経済・社会活動が正常化して、業績回復が進んだからだ。

また、非営業利益である投資収益が伸びたため、経常利益が営業利益よりも伸びた。受取利息等も7兆3573億円で過去最高だった。その主因は、円安による海外投資収益の増加だ。円安効果は輸出拡大のほか、過去の海外投資収益増というかたちでも表れる。

一般的に、日本企業が海外で現地生産に移行していると、輸出増にはならない。だから円安効果は限定的とされるが、現地生産ならすでに海外投資を実施しているだろう。

その場合、輸出増ではなく、海外投資収益増に変わっているはずだ。今回の法人企業統計では、その効果が大きく表れている。

設備投資は4・6%増の10兆6108億円だった。5期連続で前年比プラスとなり、民間設備投資の基調はいい。脱炭素やデジタル化への投資意欲は相変わらず堅調だ。

このように、円安でも企業の業績はよくなった。「円安ならGDPは伸びる」という筆者の主張と整合する。

半導体新会社設立に見る日本経済復活の未来

円安が続けば、さまざまな産業にとって追い風となるだろう。その一つの事例を紹介しよう。

22年8月、トヨタ自動車、デンソー、ソニーグループ、NTT、日本電気（NEC）、ソフトバンク、キオクシア、三菱UFJ銀行という日本の主要企業8社が、最先端半導体の国産化に向けた新会社「Rapidus（ラピダス）」を共同出資で設立した。

こういうニュースは、その背景や流れを追ったほうが理解しやすい。

もともと日米の政府間で次世代半導体の研究開発をする話が進んでいた。22年度の補正予算のなかにも1兆3000億円くらいのいろんな予算がついている。それで基礎研究みたいにして日米で研究をするのは決まっていた。

それを踏まえて、研究した製品を量産する必要があるから新会社設立という流れが出てきた。だからある意味、新会社設立は予定されたコースだった。

これがうまくいくかどうか。振り返ってみれば、こういう話は99年ごろから通商産業省（現経済産業省）が主導してきたことが何度かある。

たとえば、NECと日立製作所のDRAM事業部門を統合し、99年に設立されたエルピーダメモリという半導体メーカーもそうだ。

これは結局はうまくいかず、10年に公的資金を注入することになったが、その解釈の一つとして、経産省が主導しているからダメだったという見方もある。

ただ当時はものすごい円高だったから、エルピーダメモリの社長が、「これだけ円高になるといち私企業では無理。2世代分の技術的ハンディを背負っているようなもので、その技術差を埋めるのは難しい」という趣旨の発言をしていた。

だから円高はものすごく不利なのだ。いまは少し円安になり、経産省にとってはひょうたんから駒で、ラピダスも自分たちが成し遂げた計画だとアピールするかもしれない。

だが、ほとんどの日本の産業政策は為替でだいたい決まっている。為替がよければ、官僚が変なことをしてもうまくいくものだ。これは筆者の自説だが、はっきりいって経産省の努力などは関係ない。

いまはいいタイミングで円安になっている。円高になってしまったら話にならない。日本がどんなにいい技術を持っていても売れない。

00年代初めと10年ごろに経産省は2度チャレンジしたものの、いつも円高などは関係なしにするからうまくいかなかった。

マスコミはこういった話をせずに、当事者だけに取材して「あの経営者がよかった、この官僚が悪かった」という個別事例の報道しかしない。

しかし、根本の原因は環境だ。環境によってうまくいかないときはある。環境が悪いと、どんなに素晴らしい人をトップに据えたところでなかなかうまくいかない。

逆にいえば、環境さえよければ、どんなに変な人がトップになってもうまくいくときがある。ビジネスとはそういうものだ。

新会社設立のタイミングは経産省が狙ったものというより、アベノミクスの効果で円安になったから新会社の話ができるようになったのだと思う。この会社の成功確率は、円高のときよりは高くなる。

最先端半導体とはどういうものか。わかりやすいのはメモリチップで、これは内部の配線がどれだけ細いかで性能が決まる。線が細いほど速く処理できるからだ。線の太さで次世代、いまの世代、前の世代の汎用品とに分かれる。

最先端の半導体というのはものすごく配線が細いのが特徴で、それにチャレンジしようとしている。

いま、最先端半導体にチャレンジしているのは台湾と韓国くらいしかないが、そこに伍していきたいということだろう。台湾と韓国は地政学リスクがあるからだ。

台湾は、中国と有事の際にどうなるかわからないし、韓国も半島国家だからすぐ中国になびいてしまう可能性がある。

だから半導体に関しては日米でしっかり抑えていこうということで、こうした話が出てきている。

円高のせいで日本は半導体の世界シェアを失ってしまったと筆者は考えている。80～90年代初めにかけて、日本の半導体は勢いがあり世界シェアの半分ほどを占めていた。

しかし、市場に出回るお金の供給量を抑制する金融引き締め政策で、バブル崩壊と同時に円高になってしまったから、00年代初めにいろいろチャレンジしたものの、全く対応できなかった。

よく「技術が衰えて日本がだらしなくなった」という意見を聞くが、実際に現場の人に話を聞くと「いくらなんでも円高だとどうしようもない」とみんなが口を揃える。技術を生かすも殺すも為替次第なところがあるのだ。

当時、韓国はそこまでウォン高ではなかったから、日本が苦しんでいる間に韓国に出し抜かれてしまった。

今回は次世代半導体の研究開発の補助金が約1兆3000億円とかなり多いし、新会社にも経産省が700億円もの補助金を支給するから、最初からゲタを履かせてもらっている。

これをゼロからすべて自分でやれといわれても無理がある。日本は半導体分野では後発組になってしまったから、その分は政府があと押ししないと前に進めない。この補助金は無利子融資と同じだから、新会社は低コストの資金を調達できるようなものだ。

そういう意味で、出資企業はビジネスチャンスを感じているのだろう。日本はこういうことを機に復活していかないといけないし、円安というマクロ的にはいい環境だから、それをしっかり活用したほうがいい。

第1章　円高・緊縮病を患った売国奴

民主党政権時代の円高は悪夢だった

円安好況の一方で、日本経済の破滅を願う売国奴たちも暗躍している。その最たるものが、「円高・緊縮病」を患った人々だ。

時折、メディアを通じて「円高のほうが日本の国益になる」と主張する専門家やエコノミストがいる。そう語っている人は金融機関の回し者である可能性が高い。金融機関は金利引き上げが利益につながるため、円安を問題視する傾向にある。

マスコミに出てくるエコノミストの多くが金融機関の関係者だから、金融業界の意見を代弁しているのだろう。

あるいは「製造業は海外に拠点を移しているため、円安メリットは小さい」と語る専門家もいる。

だが、これは輸出の面だけにフォーカスした話であって、海外に拠点を移している企業はそれによる投資収益がある。この円換算収益は紛れもなく円安メリットによるものだ。

企業が国内から海外へ輸出するか、海外で現地生産するかは、労働力・原材料を国内と海外、どちらで調達するかの違いだけなので、ともに円安が利益につながることに変わり

ドル円相場と日経平均株価の連動性　単位：円

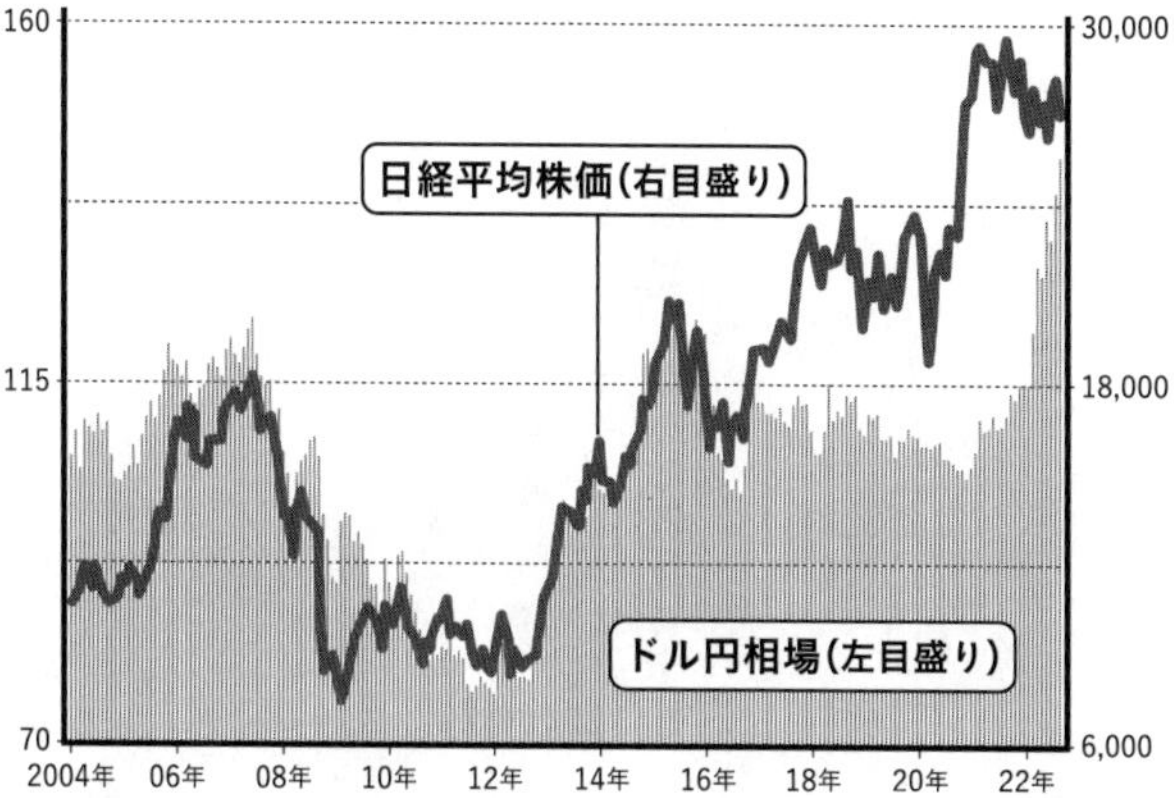

QUICK資料より

はない。

「円高が国益になる」という言説がデタラメなことは、過去のエピソードをたどってもわかる。

08年にリーマン・ショックという金融危機が起こり、先進各国は市場に出回るお金の供給量を増やす金融緩和政策を強力に推し進めた。だが民主党政権時、日本銀行総裁だった白川方明《まさあき》は金融緩和をしなかった。それで円高になり、日本の経済成長の足を引っ張った。

その結果、リーマン・ショックの震源地でもない日本の経済成長率は、先進国のなかでも最低クラスとなってしまったのだ。

また11年8月、為替が1ドル75・95円と市場最高値を記録した。きっかけは、財務省の中尾武彦財務官による「日本には為替市場に頻繁に介入する計画はない」という不用意な発言だった。

1ドル75円台だった11年10月末の日経平均株価は8988円、円安下の22年10月末は2万7404円と、その差は3倍。円高と円安、どちらがいいかは株価を見れば一目瞭然だ。GDPは一般的に円安だと増えるから、まずそれで増やしたほうがいい。それが続くと、為替が円安ではなくなってくるが、経済力がつけばそのままGDPは増えていく。その最初のステップとして、為替を円安にするというのは、どの世界でもある話だ。

このメカニズムさえわかっていれば、「円高がいい」などという結論には至らないはずだ。購買力平価で見た日本の実質賃金推移が、97年を100とすると09年が90・5になり、21年には89・7と下がった。一方で、同時期の米国は100から108・5、116・3と伸びている。

その理由は、失われた20年で円の量が少なくなって、相対的に円高になってしまったからだ。日本の実質賃金低下は、円高で国内の景気が悪くなり、だんだん成長しなくなった結果だ。

では、賃金を上げるための最適解の政策は何か。

詳しくは第４章と第5章で解説するが、まずは雇用を生むことだ。そうすると人手不足で名目賃金が上がりだし、それが軌道に乗っていくと物価より少し高くなる。そうすることで実質賃金も上がっていく。

だから本来は雇用、名目賃金、少し遅れて実質賃金という順番になる。

アベノミクスでは雇用を生み出した。名目賃金も上がった。だが、最後の実質賃金だけは上げられなかった。新型コロナウイルス感染拡大のせいだ。それさえなければ、実質賃金も上がっていただろう。

コロナ禍が収束したら、雇用を生み出すところからもう一度やり直しになる。すべてご破算になってしまったからだ。

もっとも、民主党政権は実質賃金だけに言及していて、それ以外はすべてできなかった。あの悪夢の時代を再び呼び起そうと暗躍している勢力が、いまも少なくない。

財務省、金融庁、日銀に売国奴が潜んでいる可能性も

22年9月、財務省、金融庁、日銀の幹部が三者会談を行い、急速な円安進行について憂慮している旨の声明を出した。

ここでのポイントは、単に円安の進行ではなく、「急速な」とわざわざつけているところだ。急速とつけることで、いまの円安状態はまずいという価値観を国民に植えつけるために発信していると思われる。だが、今回の円安は実は急速なものではない。

再三述べてきたように、円安になったほうがGDPは上がる。自国通貨安は近隣窮乏化政策なので、自国がよくなる一方で、周りの国はGDPが少し下がる。

そのため、自国通貨安が海外から批判されるのはわかるが、もし国内で批判する人がいるとすれば、それはほとんど売国奴だ。

ロシア・ウクライナ戦争もあって、海外諸国は他国を批判している場合ではないから、日本にとってはいまの円安が大きなチャンスともいえる。

円安効果とともにブーストして、GoToトラベルのような景気対策をもっと講じれば、国内経済はぐんとよくなる。

そういうチャンスではあるのだが、なぜか金融緩和を見直して逆の方向にいこうとしているのは、財務省、金融庁、日銀に売国奴が潜んでいるからではないかと勘ぐってしまう。

そもそもこの三者には、GDPを伸ばすというよりも、緊縮財政をしたい人たちばかりが集まっている。

岸田文雄政権の背後には、財務省や日銀の緊縮派の人たちがたくさんいる。円安によってGDPが上がったほうが税収も増えるはずだが、こういう人たちはなぜか緊縮のほうが都合がいいようだ。

おそらくは景気や税収の話は念頭になくて、緊縮依存症のごとく緊縮が常に正しいと思っているのだろう。

財務省は、自然に増えていく税収に関しては、自分の実績や手柄にならないから、あまり意味を見いださない。しかし、増税で増えた税収なら、自分の手柄になるから意味があると思っている。

財務省はそういう人間の集まりだから、普通の国民の価値観とは全く違う。そんな彼らに「円安でGDPが上がる」と訴えても仕方ない。筆者はそんな組織に数十年在籍していたから、彼らの価値観がよくわかる。

筆者は、大蔵省（現財務省）に入省した80年ごろからずっと同じことを言い続けているが、昔もいまも彼らの価値観は全く変わっていない。

もっとも、最近になって、筆者などがSNSで真実を発信しているのを見て、だんだん本当のことがわかってきたという人も財務省内で増えてきた。

自民党内でも「これはおかしい」と気づき始めた人もいて、「責任ある積極財政を推進する議員連盟」などもできた。こうした変化の兆しはあるものの、それでも国会議員の半数以上は昔と価値観が変わっていない。

テレビでも筆者のような見解は放送せず、「三者会談で急速な円安が憂慮されている」という部分だけを報じている。また、どの新聞を見ても「22年の成長率が上がったのはほとんど円安のおかげだ」とは書かれていない。

日米会談で為替の話をする必要は全くない

財務省の売国奴ぶりを象徴するエピソードはほかにもある。

22年4月、米ワシントンで鈴木俊一財務大臣が、イエレン米財務長官と会談し、円安の進行について、日米の通貨当局間で緊密に意思疎通を図ることを確認したと報じられた。

こういうケースでは、為替の話を米国から持ち出したのか、それとも日本側が持ち出したのか。そこが大事なポイントになる。

筆者なりに調べてみたところ、どうやらイエレンが会談した目的はロシア制裁の件だったのに、なぜか日本のほうから為替の話を持ち出してしまったらしい。そう聞いたとき、即座に「おかしい」と感じた。本来あり得ないことだからだ。

円安を米国が批判するならまだわかるが、批判されなければあえてこちらから触れずに放置しておくのが普通である。それをあろうことか、日本の財務省のトップが触れてしまった。

そもそも円安は、日本側が意図してそうしているわけではない。米国のインフレ対策への反応でそうなっているだけだ。そうした事実がある以上、もし海外から批判されても、いくらでも抗弁できる。

たとえば「為替の変動は日米の金融政策の結果によるものだ。両国にはそれぞれ自国のインフレ目標があって、それに基づいて中央銀行が政策をとっている。だから自分たちの意思だけではどうしようもない」などと説明すれば済む話だ。

それにもかかわらず、日本側から為替の話を持ち出したというのなら、これは協議とかそういうレベルの話ではない。

おそらく財務省の官僚のなかに、金融を引き締めてＧＤＰを減らしたいという売国奴がいるのだろう。リーマン・ショックのときも、当時の白川総裁が強烈に金融を引き締めて円高になったことで、裏で喜んでいる人たちがいた。

目先の金利が上がって喜ぶのは金融機関で、さらにそこに天下りしている官僚も恩恵にあずかる。それではダメだということで、アベノミクスでインフレ目標を作ったのだ。

「埋蔵金」の外貨準備は国民のために売り払え

筆者は、日本政府における特別会計の剰余金や積立金が「埋蔵金」として眠っていることを暴いた過去がある。

変動相場制の国のなかで、日本政府は例外的に外貨準備が多いが、これははっきりいって埋蔵金だ。

埋蔵金のほとんどは、政府が持っている「外国為替資金特別会計」として計上されている。外貨債で約１２０兆円持っているが、円安でその含み益がものすごいことになっている。これは政府・財務省が表立って言いたくないことだ。

たとえば、取得時の為替レートが1ドル１０４円として、円安で1ドル１４０円になったとすると、含み益がざっくり40兆～50兆円は増えたことになる。

このように、実は円安の一番の受益者は日本政府なのだ。

円安で困っている人だけを見て「円安はけしからん」という人が多いが、筆者は経済全

外貨準備高の推移　単位：億ドル

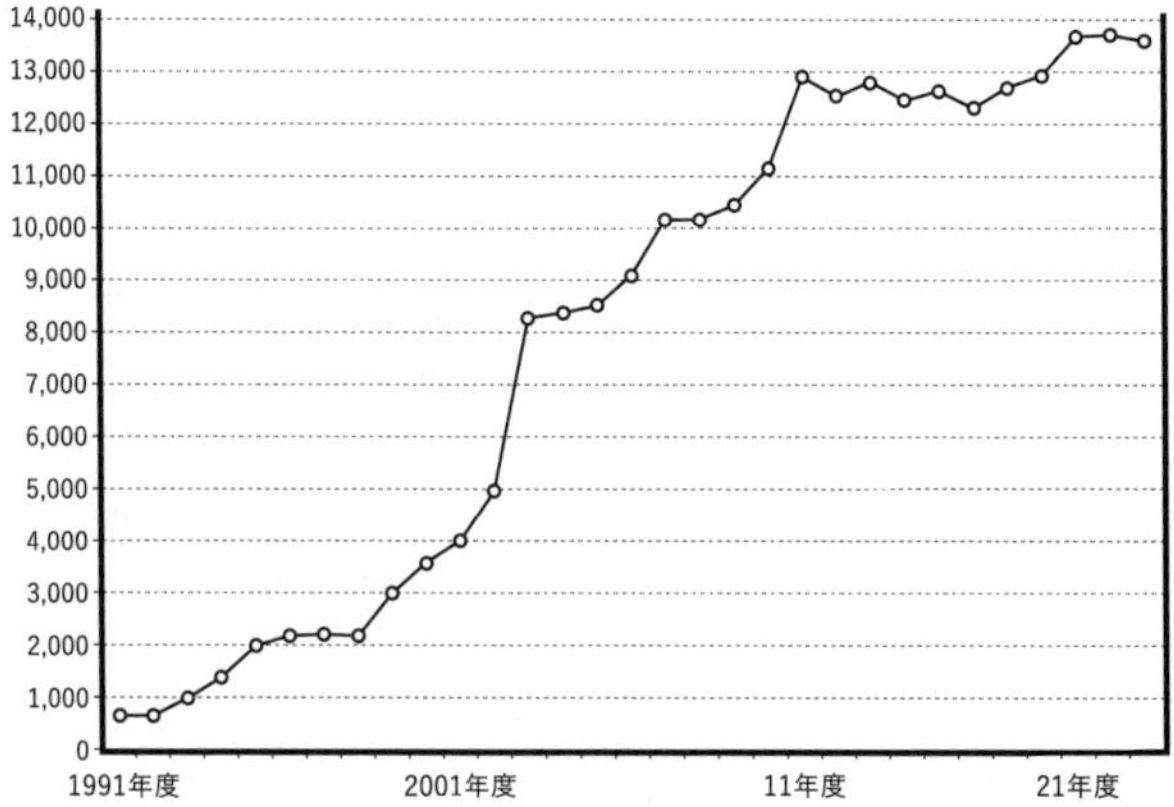

財務省資料より

体を見たときに円安で得る利益のほうがはるかに大きいと考えている。

最大の利益享受者は輸出企業だが、彼らは自分で商売しているし、それだけ税金も払っているから、日本経済にもしっかり還元してくれている。

しかし、日本政府は税収が増えても世の中に還元せず、ただあぶく銭が増えているだけだ。

なかには「政府だってきちんと外債投資している」と反論する人がいるかもしれないが、いずれにしても儲けているのは事実だ。それをもっと吐き出して、困っている人たちに還元すればいい。

約１２０兆円を売却、放出して政府が何

か困るかといえば、そんなことはない。変動相場制の国のなかで、これだけ外貨準備を保有しているのは日本くらいだ。

そもそも変動相場制では、外貨準備を保有すること自体が為替介入となる。

一般的に、外貨準備は為替相場の急激な変動を抑えて、その安定化を図るために必要とされている。

しかし、詳しくは第2章や第4章でも解説するが、為替は中央銀行が世の中に直接的に供給しているお金の量（マネタリーベース）の2カ国間の比で大体わかる。つまり円の量とドルの量のバランスだ。

そのため、為替はある程度予測できるし、インフレ目標がありさえすればそれほど変動することはない。だから外貨準備を約120兆円も貯め込む必要はない。

それなのに外貨準備を貯め込んでいるのは、財務省の国際局が利権を持ちたいからだ。外資系企業に天下りしようとしたとき、「自分は外貨準備について詳しい」とアピールできる。実際、それで天下りした人はたくさんいる。

ほかにも、外貨準備がなくなると国際局という一つの部局もなくなるから、食い扶持を残すため必死に抵抗しているという事情もある。

筆者は小泉純一郎政権のとき、外貨準備のことを埋蔵金として指摘し、政権5年間で40兆円ほどを吐き出させることができた。それで残高は使わないようにしたが、いまは円安だし残しておく必要がない。一気に売り払ったところで何の心配もない。

逆に持ちすぎていたら、本当に変動相場制の国なのかどうかを疑われてしまう。

外貨準備はだいたいドル建ての中短期債だ。1年以内に償還がくるが、もう一度ロールオーバー（買い替え）というかたちで外貨債を買っている。こうした行為は、はっきりいって為替介入だ。

長期債に入れず短期債で調達しているため、財務省は「借金ではない」と説明する。だが、それは言葉のまやかしであり、債務であることは間違いない。

保有しているドルは国の金庫に入っているわけではなく、各金融機関が持っている。それがおいしいビジネスの種になるから、財務官僚もそれを武器に天下りする。

ドルといっても実際はドル債で、金融機関に預託しているだけだ。

いわば財務省の貸金庫みたいになっていて、100兆円のうちの0・01％が手数料と考えても100億円単位になる。金融機関にとって、それくらいの規模のビジネスであることには間違いない。

こういう話をすると関係者からものすごく反発されるが、この際、外貨準備は国民のために売り払ってしまってもいいだろう。

岸田政権はアベノミクスの否定にひそかに奔走中

岸田政権は、アベノミクスの否定にひそかに奔走中だ。すでに金利の引き上げも起こっている。

今後は日銀の人事を契機として、そういった姿勢がさらに表面化する可能性もある。23年春に日銀総裁の黒田東彦、副総裁の若田部昌澄と雨宮正佳が任期を満了。新たに総裁に植田和男、副総裁に内田真一と氷見野良三が就任する予定だ。

景気回復についても、政府が自ら投資するのではなく民間頼み一辺倒だ。

22年8月に日本政策投資銀行がまとめた「設備投資計画調査」によると、大企業の22年度の国内設備投資額は前年度実績比26・8％増の19兆6188億円と大きく伸びる見通しとなった。実現すれば、コロナ禍前の19年度の投資水準まで回復するという。

設備投資は、設備投資時の金利水準と、その時点からの将来の需要と収益の動向で決まる。金利が低くて将来の需要と収益が高いほど設備投資額は増える。

設備投資計画は、これからの設備投資をいまの段階で調査するものだから、現在の金利水準の要素が大きく影響したのだろう。

この調査が出た時点では、日銀のイールドカーブ・コントロール（長短金利操作）により、10年国債金利はゼロ％近くに維持されていた。そのため民間設備投資金利もかなり低い水準だった。

日本政策金融公庫の中小企業事業貸出金利は10年で０・６～１・４０％にすぎない。この程度の低金利なら、将来の需要・収益が１％程度だった場合、それなりに回っていくという見通しが立てられる。

22年７月の日銀の経済見通しでは、22年度の実質経済成長率を４月より０・５％引き下げ、プラス２・４％としていた。ロシアによるウクライナ侵攻が長期化し、世界経済の回復が遅れるとみていたためだ。23年１月にはさらに引き下げられて、プラス１・９％の見通しとなった。

経済見通しでは、財政政策と金融政策の双方がカギを握る。一般的に、前者は公共投資や減税などを行う政策であり、後者は金融面から物価や為替の安定を図る政策だ。

仮に金融政策が継続されたとしても、もう一方の財政政策が緊縮になると経済の見通しは芳しくならない。景気に対する影響は、短期的には金融政策より財政政策のほうが大きいからだ。

マクロ経済学の観点では、有効需要があればよく、景気の維持には総需要と総供給の差（GDPギャップ）を埋めるような機動的財政政策が必要だ。

それには補正予算をみればいいが、岸田政権はこれをケチってGDPギャップを放置する傾向がある。それでは将来の需要と収益を下げるから、設備投資にはマイナス要因だ。

岸田首相の姿勢としては、国債を発行して大幅増というより、ほかの経費を削ったり増税したりする方向性がうかがえる。防衛費増額の財源確保を理由とした、法人税やタバコ税などの「防衛増税」はその典型例だろう。

いずれにせよ、有効需要を増やすような気配はないようだ。

こうした岸田政権の見通しの甘さが、近い将来ツケとして回ってくるかもしれない。

財務省の閨閥とつながりが深い岸田首相

岸田政権の政策には、財務省の緊縮増税路線が色濃く反映されている。その理由は、家系の成り立ちを知ればわかる。

岸田首相の家系図

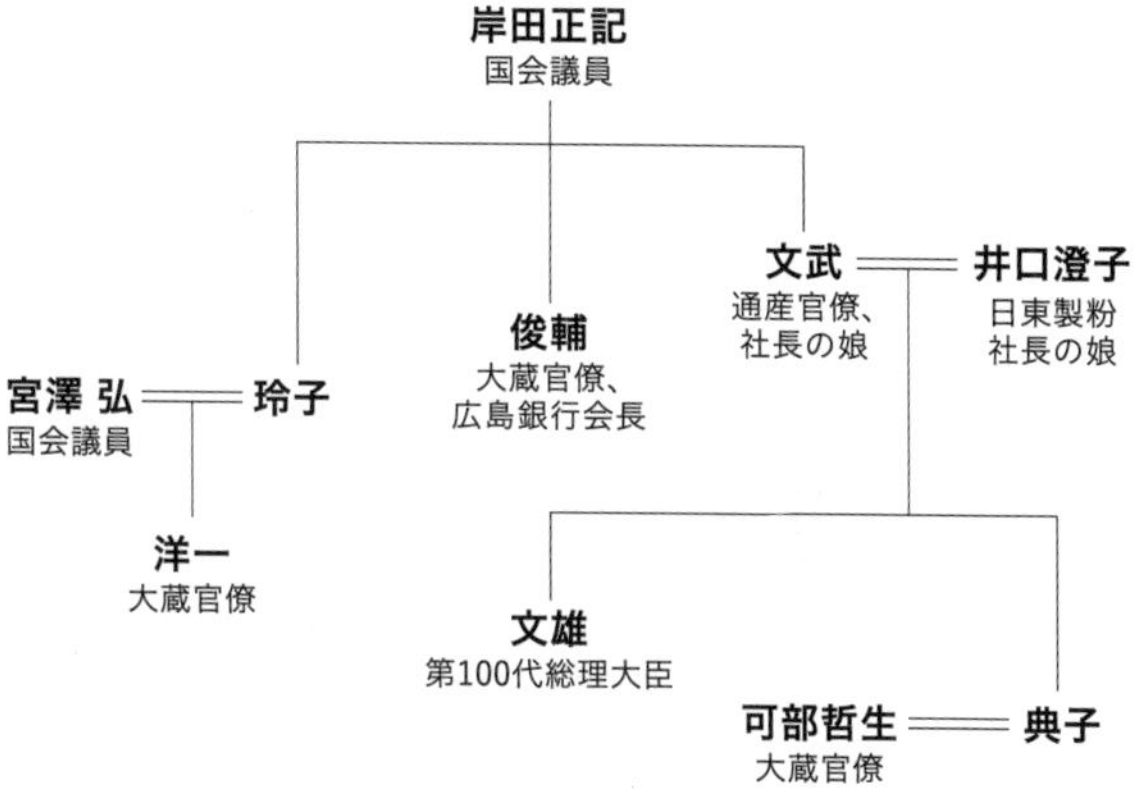

編集部で作成

岸田家は代々、政治家と大蔵（財務）官僚を輩出する一族だ。

岸田首相の祖父・正記は政治家で、父・文武も通商産業省（現経産省）出身で政治家となった。元広島銀行会長の叔父・俊輔も、元大蔵官僚だった。叔母・玲子は宮澤喜一元首相の弟・弘に嫁ぎ、その息子に当たる岸田首相のいとこ・洋一は元大蔵官僚、岸田首相の妹・典子の夫・可部哲生も元大蔵官僚だ。

岸田首相の自宅は東京都渋谷区にあるマンションで、そこには岸田家と宮澤家の親戚ばかりが住んでいた。

筆者がこのマンションに挨拶へいくと、何人もの財務省の人間と出くわすことがあった。同じ建物のなかに複数の重要人物がいるのだから、同僚と偶然出会ってしまうこともある。

宮澤首相の時代、大蔵省絡みの案件が発生するたびに、岸田首相のいとこの宮澤洋一が呼ばれ、「(同じマンションに住む親戚一同に)説明しておく」の一言で済ませていた。

財務官僚には、岸田首相のような閨閥を持っている人が多い。政治家の娘と結婚し、政官界に影響力を持つキャリアは珍しくないのだ。

そして岸田首相は、自民党内の派閥「宏池会」(岸田派)のトップでもある。

宏池会は57年に結成され、池田勇人、大平正芳、鈴木善幸、宮澤喜一、岸田文雄と多くの総理大臣を輩出した、党内では最古の派閥だ。

財務省人脈が多いのも特徴である。財務省から政治家になると原則、宏池会に属することになる。財務官僚から見れば、宏池会というのは「俺たちの居場所」なのだ。

彼らは岸田政権の政策にも深く関わっている。山本幸三、木原誠二、小林鷹之、後藤茂之、寺田稔らの政治家は、いずれもそうだ。

財務省とべったりの岸田政権が、アベノミクスを否定するのも納得というほかない。

日銀の金融政策における三つの黒歴史

過去、日銀はデフレから完全脱却できないなかで金融引き締めに転じたことで、景気に悪影響を及ぼした「黒歴史」が三つある。

まずは00年８月、ゼロ金利を解除してしまったときだ。

99年、米国のＩＴバブル波及により日本でも景気回復の兆しが見えていた。だが、インフレ率はせいぜいゼロ％程度で、政府内でも「ゼロ金利解除は早すぎる」という異論が多かった。

当時、筆者は米プリンストン大学に留学中だった。のちにノーベル経済学賞を受賞したポール・クルーグマン教授（当時）から直接メールで「日銀のゼロ金利解除は間違っている」と連絡を受けたほどだった。

次に、01年３月に導入した量的金融緩和政策を06年３月に解除してしまったときだ。

筆者は当時、小泉政権でマクロ経済について意見を言える立場だったので、これには反対した。量的緩和解除後の景気悪化を予測したが、その通りになった。

この失敗のあと、08年にリーマン・ショックが起こり、震源地でもない日本が大打撃を受けた。政府の反対を押し切って解除した日銀に、安倍晋三首相（当時）らは大きな不信感を抱いていた。

最後は、リーマン・ショック直後の08年10月、各国の中央銀行がすぐに金融緩和で対応して協調利下げを実施したのに、日銀がそれに加わらなかったときだ。

そのため日本は猛烈な円高になった。どの国でも自国通貨高は経済活動にとってマイナスだ。当時の日銀の決定はあまりにひどすぎた。

いずれも金融引き締めのタイミングが最悪で、デフレ脱却のチャンスを逃したり、デフレをさらに深刻化させたりする結果につながってしまった。だから日銀の方針は「インフレ目標」ではなく「デフレ目標」だと揶揄されていた。

そういった点で考えると、13年から黒田東彦《はるひこ》総裁になった日銀では、それまでの三つの黒歴史のようなひどいミスはなかった。

16年のイールドカーブ・コントロール導入は、金融緩和のペースを低下させたのでベストだったとは言いがたいが、それ以前の大きなミスほどではない。

今回、「悪い円安」とのフレーズで利上げを促す論調が多いが、そうする必要はまだない。米国では、生鮮食品とエネルギーを除く消費者物価指数（ＣＰＩ）の対前年同月比が

６％台になって、初めて利上げしたくらいだ。

もし円安是正のために金融引き締めを行うというなら、日銀の黒歴史に新たな1ページが加わることになる。それはインフレ目標に基づく金融政策ではなく、目標逸脱行為になって日銀法の趣旨に反することだ。

そもそも為替操作を目的として金融政策を行ったら、セントラルバンカー失格だ。

四つめの黒歴史を刻もうとしている黒田&岸田コンビ

黒田総裁は岸田首相と共謀して、四つめの黒歴史を刻もうとしている。

これまで日銀と政府は「２％の物価目標実現」と明記した共同声明を堅持してきたが、22年12月、それを見直す動きが出てきた。

筆者の見立てでは、本格的に共同宣言を見直すのは、おそらく次の日銀総裁体制下の23年中になるはずだったが、退任間近の黒田総裁が先取りで発表を決行したのだろう。

その内容は、日銀が容認する長期金利（10年国債金利）の上限と下限を０・25％程度から０・５％程度にまで拡大するというものだ。

これについて黒田総裁は会見で「利上げではない」と主張しているが、どう見ても事実上の利上げだ。変動許容幅を0・25％から0・5％にすれば、0・5％まで上がるに決まっているからだ。

このタイミングでなぜ長期金利を引き上げたのか、甚だ疑問だ。日銀の発表を受けて市場は混乱した。為替は3〜4円も円高に振れて、日経平均株価は一時600〜700円も急落した。

黒田総裁は、安倍元首相や菅前首相の時代は真面目に仕事をしていたが、岸田首相に代わった途端、そちらになびいてしまった。元財務官僚の体質はそのままだったようだ。

というのも、黒田総裁は財務省で主税局にいた時代が長かった。主税局というのは、税金を上げるのが仕事といっても過言ではない部局だ。

岸田首相は防衛増税を決めたが、黒田総裁はそれと足並みを揃えるため、利上げに踏み切ったのかと一瞬疑ってしまった。これは半分冗談だが、黒田総裁のメンタリティはそういう部分があって、消費増税のときも賛成していた。

いままでは安倍首相がそのあたりをしっかりコントロールしていたから、黒田総裁も絶対に利上げするそぶりを見せなかった。だが、黒田総裁は財務官僚出身だから、自ら進んで金融緩和していたというわけでもない。

徐々に緊縮増税派の本性をあらわにしてきた黒田総裁は、次の新総裁のための地ならしとして、あえて利上げに踏み切ったという面があるかもしれない。

しかし、海外に比べると、現在の日本のインフレ率はまだ大した段階ではない。

仮にインフレ率が5%くらいになって、景気が過熱しているなら利上げも理解できるが、現状は全くそうなっていないし、物価も大して上昇していない。インフレ率が3%くらいになってから、利上げを考えるのがセオリーだ。

せめてあと2~3年してから利上げを行えばいいものを、それすらも我慢できないのは、金融業界を助けたいという本音が漏れてしまったからだろう。

金融政策では、しばしば「behind the curve」という言葉が用いられる。これは「少しばかりインフレになっても、我慢してすぐに動かず、ゆっくり動こう」という意味だが、それを黒田総裁ができていないのは非常に残念だ。

大企業のなかで金融業界だけは利上げに大喜び

22年4月の段階では、黒田総裁は円安ドル高について「現状では日本経済にプラス面のほうが大きい」と発言していた。それに対し、当時の日本商工会議所・三村明夫会頭は

「デメリットのほうが大きい」と述べていた。

為替の動向は輸出入や海外投資を行う事業者にとっては死活問題になる。円安は輸出企業にとってはメリットだが、輸入企業にとってはデメリットだ。

また、これから海外進出を考えている企業にとってもデメリットだが、すでに海外進出して投資を回収している企業にとってはメリットとなる。

中小企業は大企業に比べて輸出が少なく輸入が多い。だから円安によるデメリットを受けやすい。そういう意味で、三村会頭の意見は中小企業を代弁していたといえる。

一方、当時の黒田総裁の意見は、経済界全体を考慮してのものだった。

輸出業を営んでいるのは大企業、とくに世界市場で伍していけるエクセレントカンパニーだ。この場合、エクセレントカンパニーに恩恵のある円安のほうが、日本経済全体のGDPを押し上げる効果は高い。

これは日本に限らず、世界のどの国でも見られる普遍的な現象だ。

だから、主として大企業で構成されている日本経済団体連合会の十倉雅和会長は当時、円安について大騒ぎすることではないという見解を示していた。

ただし、大企業のなかでも金融業界の意見は特殊だ。

これまで低金利政策のせいで利ザヤを稼げなかったため、円高へ誘導して金利高に持っていくことを目論んでいた金融業界にとって、今回の日銀の利上げ決定は助け舟だった。利上げによって株価は全面的に低下したが、金融業界の株価は上がっている。今後、おそらく預金金利は上がらないまま、貸出金利だけが上がって儲けられるから、相当な利益になるだろう。

実は、この手の話はずっと以前からあって、筆者がアベノミクスに取り組んでいたとき、当時の安倍首相のもとには年中、金融業界から「低金利政策をしないでほしい」という陳情が舞い込んでいた。

実際に安倍首相から「こういう意見が金融業界から届いている」と資料を見せてもらったこともあるが、その際に筆者は「彼らは日本経済のことなどどうでもよくて、ただ自分たちの業界が助かりたいだけだ」と助言したこともあった。

当時、安倍政権は金融緩和によって雇用率を高めることを最重要課題としていたので、金融業界の意見には聞く耳を持たなかった。

しかし、岸田政権になってからは、ＮＩＳＡの拡充などもそうだが、妙に金融業界の意見を聞くようになった。

政権内には財務省出身の官房副長官がいるが、彼の兄は某銀行のトップに就任しているため、金融業界とは親しい間柄だ。というより、もともと財務省の人間は金融業界に近い。

そう考えると、岸田政権が金融業界や財務省に偏重していることは、今回の日銀の利上げと軌を一にしている気がする。岸田首相が金融所得課税の話を引っ込めたのも、金融業界の意向があるとみられる。

官僚のほか、日銀の事務局スタッフなども金融業界に天下りしているため、そういう利害も絡んでいるのだろう。

金融機関が当座預金で握る2000億円の既得権益

利上げによって銀行は利ザヤを稼げるようになったが、彼らへの優遇措置はそれにとどまらない。

22年1月、日経新聞などが「三菱UFJ銀行が日銀に預けている当座預金の一部にマイナス金利が適用された」と報じた。

だが、この報道の仕方には大きな問題がある。その理由を解説しよう。

「日銀当座預金」とは、銀行や証券会社など金融機関だけが日銀に開設できる当座預金のことで、金融機関同士や国・日銀との決済手段、企業や個人への支払い準備のために利用される。日銀は金融機関を顧客とする銀行だから、一般人は普段全く接点がない。

普通の企業なら金融機関に当座預金を持っているが、金利はつかない。なぜなら、法律で当座預金には金利をつけることが禁じられているからだ。

ところが金融機関は、日銀に当座預金を持つとなぜか金利がついていた。はっきりいっておかしな話だが、それが日経新聞などを読むと当然のことのように書いてある。普通に考えれば、当座預金には金利がつかないとまず思うものだが、マスコミはこれを全く批判しない。

実は、マイナス金利になって金融機関の収益が悪くなったから、白川総裁時代から金利をつけるようになった。その前は当然ながら金利はついていなかった。

冒頭の記事に話を戻すと、マイナス金利が適用されたと書かれているが、いまも金融機関はノーリスクで年間2000億円近くを日銀当座預金の利息で得ている。

そのカラクリはこうだ。

日銀は民間金融機関の当座預金を500兆円ほど受け入れているが、まずそのうち200兆円くらいまで0・1%の金利がついている。200兆～480兆円は0%、さらにそ

日銀当座預金の推移

単位：兆円

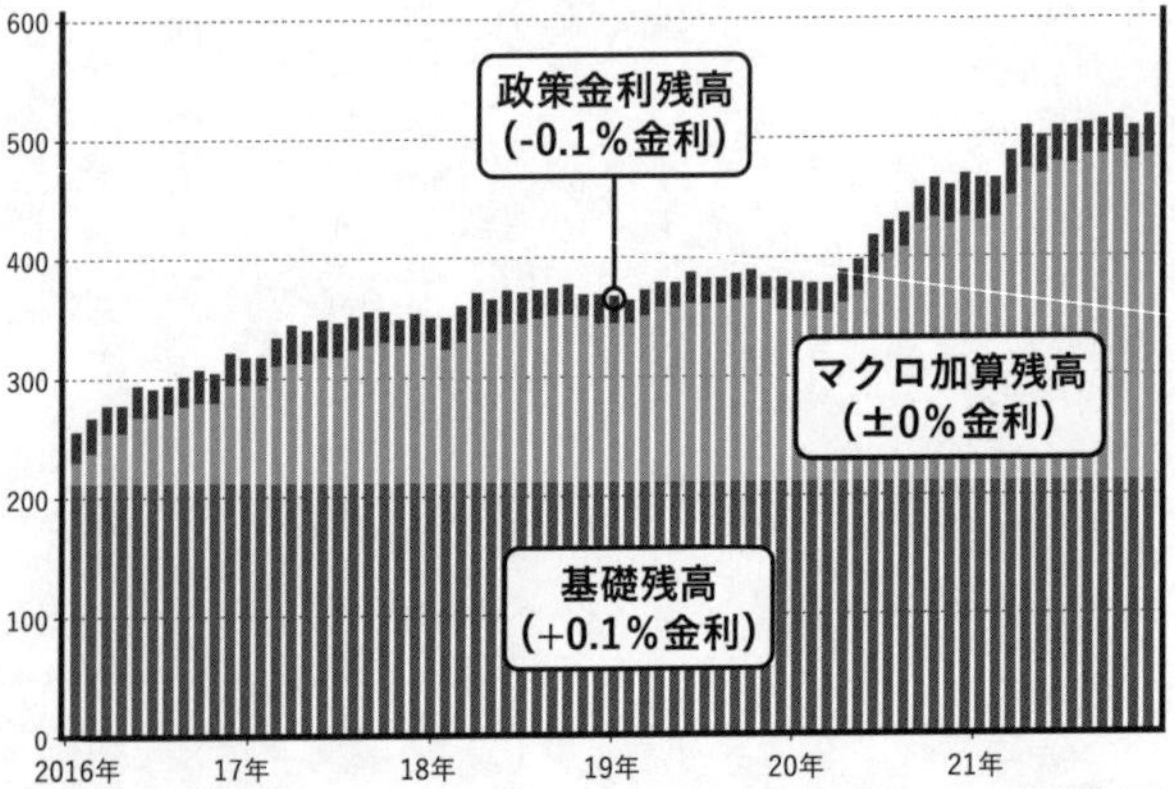

日銀資料より

の上の30兆〜40兆円分がマイナス0・1%の金利になっている。

つまりマスコミは、この上澄みの30兆〜40兆円の部分だけを取り上げて、マイナス金利が適用されたと大げさに書いているのだ。この書き方はずるくて、本当ならすべてを説明する必要がある。マスコミはこういう話をするとき、まず全体の数字を述べない。

そのため、いまも200兆円の0・1%、2000億円が民間金融機関のお小遣いになっている。マイナス金利適用は上澄みの部分だけで、金融機関は運用先があると日銀当座預金に入れずに自分で運用するから、実質マイナス金利はつかない。

郵便貯金、外国銀行、信託銀行は、運用先

がないからマイナス金利がずっとついているが、全体ではマイナスにならない。

　これが初めてマイナス金利になったと大騒ぎしているのは都市銀行だけだ。ほかの金融機関はマイナス金利が全体のうちの一部はあるだろう。都市銀行はそれがいままでなかったから、マイナス金利がついたと大騒ぎしているが、それ以外はすべてプラス金利だ。

　筆者はこれをやめればいいとずっと訴えているのだが、そのたびに金融機関が文句を言ってくる。日銀は金融機関の味方だから、白川総裁がつけた金利をいまだに修正していない。

　その意味で、かつて黒田総裁が、当座預金を高額に積み上げるにつれてマイナス金利を増やす仕組みに変えたのは功績だった。だが結局、それを再度だんだんと下げていくというのは、金融機関から要請があったからだろう。

　そもそも2000億円の出どころは、日銀が刷ったお札で買った国債だ。それで受けた利払いのすべてを政府に戻さず、金融機関にばらまいている。日銀もこういうことは説明しない。

バブル経済をつぶしたマスコミと日銀の過ち

円安が進行し、マスコミのなかでもとくに日経新聞が「大変だ」と騒いでいたが、なぜ彼らは一貫してこんなスタンスなのか。

その理由は、日経新聞がいままで中国進出を強く推してきたからだ。

実は円高のほうが海外へ進出しやすい。なぜなら、円安のときよりも少ないお金で投資できるからだ。

それが一転して円安になったことで、すでに中国に進出した企業に国内回帰を促せるかというと、なかなか難しいだろう。

いままで積極的に中国進出を推していたからというのもあるが、中国は資本規制が厳しいから撤退も一筋縄ではいかない。

中国の資本規制については第3章で詳しく解説するが、そうなると日経新聞は「円安が悪い」と言わざるを得なくなる。

円安をよく思わない人は、「いまの為替レートで進むと、日本のGDPは世界の30〜40位に転落してしまう。これほどの円安は32年ぶりだ」などとケチをつける。

では32年前にさかのぼって、90年の経済状況がどうだったのかを見てみよう。そのときのデータを見ると、名目経済成長率は７・６％、実質経済成長率は４・９％、失業率は２・１％、インフレ率は３・１％と、文句のつけようがない数字だ。

「バブル期はひどいインフレだった」と思い込んでいる人もいるようだが、決してそうではない。当時の経済状態はよかったのだが、日本ではなぜかバブル経済が悪いかのようにいわれる。

筆者は米国で世界中のバブル経済を研究しているプロジェクトに参加したことがあり、海外の研究者はみんな、自国でのバブル自慢みたいなことを語っていた。

そこで筆者が「日本ではバブル経済はひどかったと評されている」と話すと、研究者たちは驚愕。「え、何がひどいの？　バブルはいい経済パフォーマンスだろう」「変な政策をして、それを続けるからダメになってしまったのでは？」と指摘され、筆者も納得した。

日本のバブル経済期に、唯一上昇していたのは資産価格だ。

筆者は米プリンストン大学に留学していたとき、当時、同大学の経済学部長だったベン・バーナンキ先生（元ＦＲＢ議長、ノーベル経済学賞受賞）に「株と土地の価格が上がっているときに金融を引き締めるのは正しい政策か？」と質問したことがある。

バブル前後の地価の推移　単位：ポイント

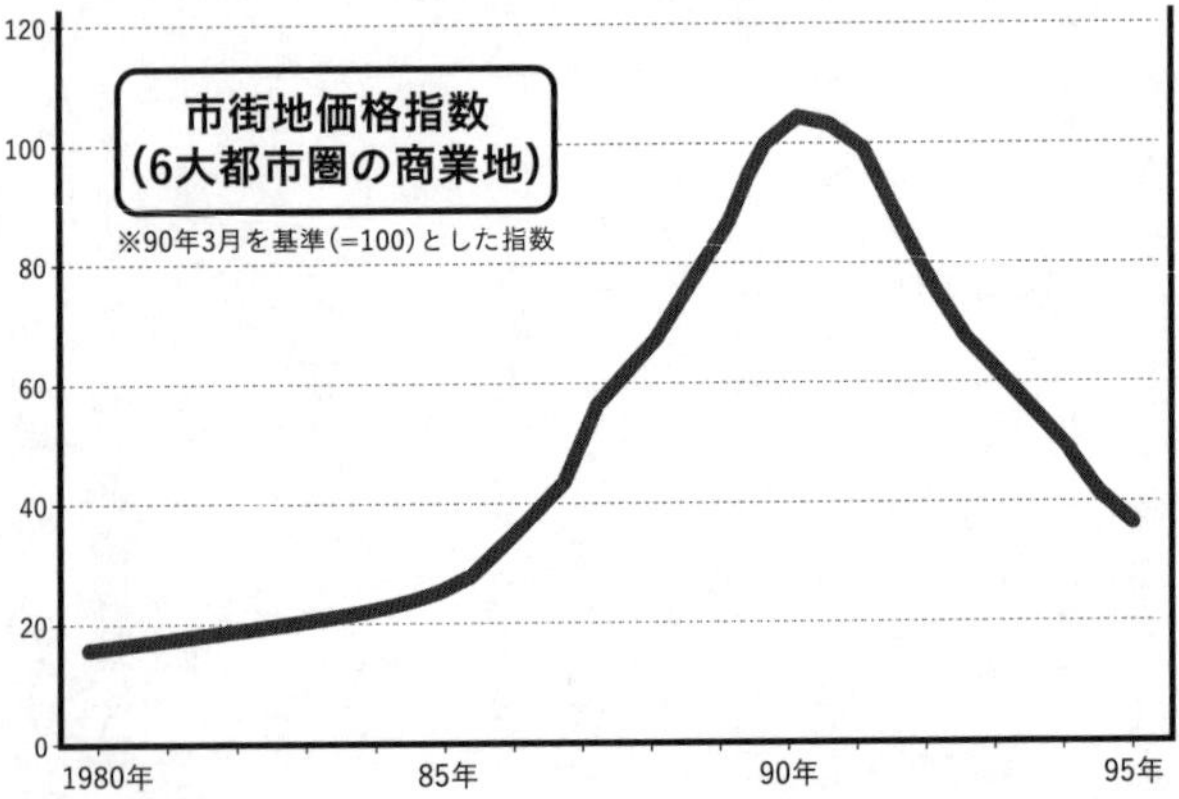

日本不動産研究所資料より

この質問の意図は、インフレ目標のなかに土地と株の価格が入っているのかということだった。

するとバーナンキ先生は「入っていない」と答えた。つまり、土地や株の価格が上がったからといって、金融を引き締めるのは間違いだとはっきりいったのだ。

では、日本のバブル期のどこが問題だったかというと、株式市場と不動産市場に税制上の歪みがあった点だ。

ひらたくいえば、損失が出た投資家に対して、証券会社が補填するという不正取引が横行していた。そのため、株価は上がる一方で、物価は上がらないという歪みが生じたのだ。

税制上の問題だったから、そこだけを対処

して、経済が健全化したあとは市場に任せておけばよかった。

ところが、日経新聞が「バブルは悪い」とあおった結果、日銀がバブルつぶしのために金融を引き締めてしまったのだ。

その後30年間、日本の経済成長率は低迷・鈍化したわけだが、日銀はいまでも金融引き締めが間違いだったと認めていない。間違った政策を正しいものとして継続した日銀もさることながら、それを扇動した日経新聞も罪深い。

もし今回も円高を狙って金融引き締めなんてしたら、新たな不況がまた起こってしまう。ようやく30年前の水準に戻れたのだから、本来なら「円安になってよかった。いままでの30年間を取り戻すいいチャンスだ」と思わなければならない。

それなのに、マスコミがまた「悪い円安の是正を！」と間違った方向に扇動したら大変なことになってしまう。

同じ過ちを繰り返してはならない。

ドル建てＧＤＰと給料を結びつけるのは意味なし

22年9月、日経新聞で「円安で縮む日本　ドル建てＧＤＰ、30年ぶり４兆ドル割れ」というタイトルの面白い記事が出ていた。インターネット版では、記事のポイントとして「国力低下、円安止まらず。安い賃金、株買いも弱く」とも記されていた。

この記事の笑いどころは、社員の給料をドル建てで支払っていない日経新聞が、この記事を書いたという点だ。

日本人の給料はほとんど円払いでドル払いではないだろうから、はっきりいってドル建てGDPは日本経済と何の関係もない。

テレビのコメンテーターも、「給料をドル換算すると下がっている」などと発言することがあるが、そもそもみんな給料をドル換算などしないから、そんな話をしても全く意味がない。

彼らがわざわざドル建てGDPの話をする理由は、どうにかして円安にケチをつけたいからだろう。

もっとも、たしかに世の中にはドル換算に関係がある人もいる。たとえば海外出身のタレントを雇っているような人で、そのタレントが「海外へ送金するために給料はドルでほしい」といえば、それは仕方がない。だが、日本で生活するなら給料は円で支払われるのが普通だ。

そもそもこういう話をするなら、給料をどんどん高くするのが一番いい。国内経済をよくしてＧＤＰが増えるほうがいいし、まずはそうしなければならない。

それがダメだというのは、要するに「日本はＧＤＰが増えないほうがいい」といっているのも同然だ。

マスコミは往々にして、目先の話にすぐ飛びつく習性がある。昔は円高で大変だといっていたが、マスコミはそのことを完全に忘れてしまったのだろう。とにかくケチをつけたいだけで、「円高はけしからん、円安もけしからん」と、少しの為替の変化も許さないような姿勢だ。

円安のほうが成長率は高くなったり、政府の外貨資産も一気に増えたりする。もちろん円安になるときにはドル金利が上がっているから、ドル債券の価格は少し下がるが、円に換算するとそれを上回って金額が増える。

これは日本経済にとって悪い話ではないのだが、財務省は税収が増えて喜んでいて、政府はこれだけ儲けているという話は、マスコミはどこも書かない。

とくに日経新聞は財務省の手下のような新聞だから、財務省からレクチャーされたことをそのまま書く。だから何となく「円高がいい」などと書いているのだ。

「FRBの利上げに日本も続け」という無知の極み

政府、財務省、日銀、金融業者、マスコミなどのプロパガンダにだまされないためには、彼らのあおり文句を知ることも効果的だ。

時に彼らは、まるで虎の威を借る狐のように、米国などを「主語」にして読者をだまそうとしてくる。

22年以降、FRBが利上げを実施してきた。

この報道を受けて、もし「米国が利上げしたから、日本もそれに続いたほうがいい」などと主張する人がいたとしても、そんな意見に耳を貸す必要はない。

その理由を解説していこう。

まず、米国が利上げに踏み切ったのは、経済活動が思ったより活発になり、インフレ率が高くなったからだ。

20年あたりから米国ではインフレ率が上向き始めており、21年は前年比6％以上を記録していた。米国のインフレ目標は2％だから、さすがに6％ともなると過熱感がある。

これについてもう少し説明すると、失業が全くなくてフルに生産できるレベルの「潜在

日米の政策金利の推移　単位：%

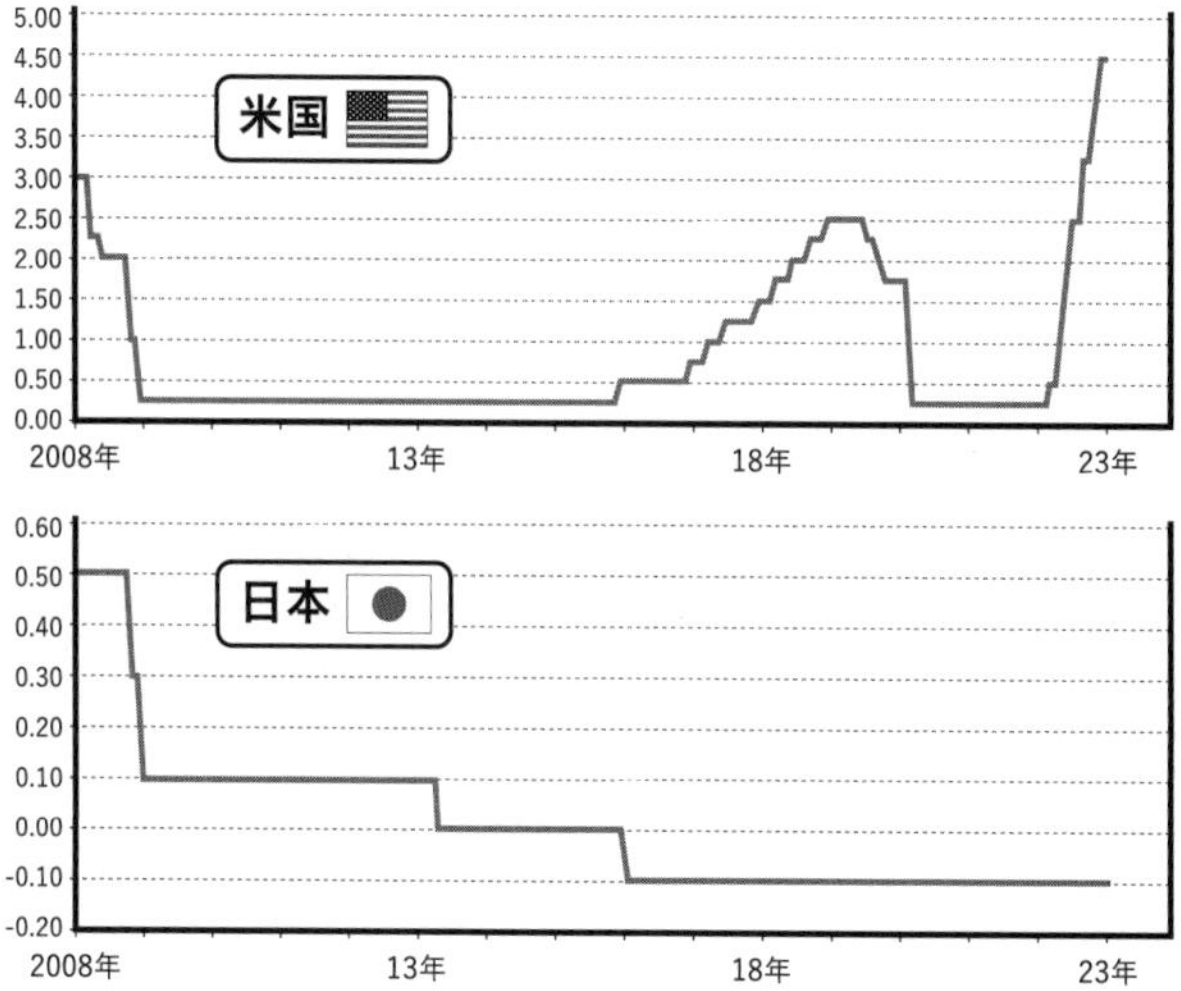

ザイFX！資料より

ＧＤＰ」と「実際のＧＤＰ」、その差が問題になる。

潜在ＧＤＰが実際のＧＤＰを超えると、物価が上がる。インフレ率６％だと実際のＧＤＰよりも潜在ＧＤＰが上回り、インフレ率が高くなって失業率も下がらないから、当局は少し引き締めにかかる。

その方法は二つ。財政政策と金融政策だ。

本当はこの二つを担う当局が、協力しながら取り組んだほうがいい。ただ、バイデン政権では財政当局が出すぎたから、金融当局のＦＲＢがそれを抑える役割になっていることも理解しておきたい。

潜在ＧＤＰが実際のＧＤＰを超えそうになり、物価が上がっているから、それを何らかの方法で抑えないといけない。

だが、そのとき米政府は、ものすごく財政出動をしてしまったため、政治的に抑えるのが難しくなった。だからＦＲＢが抑える役割を果たし、それが米国での利上げにつながっているのだ。

裏を返せば、米国では財政当局と金融当局が、うまくコミュニケーションをとれていないともいえる。

それを踏まえたうえで日本がとるべき政策は、財政出動も金融緩和も積極的にする、というのが結論だ。なぜなら、日本はインフレ率がほぼゼロだからだ。

インフレ率というのは経済の体温計みたいなもの。潜在ＧＤＰと実際のＧＤＰの大小関係、これを需給ギャップというが、その差が小さくなるほどインフレ率が上がる。日本はそれが上がっていないから、需給ギャップを埋めなければいけない状況だ。

もっとも、日本の潜在ＧＤＰは、20年度の補正予算をすべて執行していれば、かなりいい線をいったはずだ。潜在ＧＤＰと実際のＧＤＰが近づいていたからだ。

ただ、その段階ではＧＤＰギャップが45兆円くらいあったから、その意味では潜在ＧＤＰがまだまだ足りてなかったともいえる。

米国には米国の事情があり、日本には日本の最適解がある。利上げや円高へと巧みに誘導しようとする緊縮派、ひいては金融業者などのポジショントークにだまされないようにしよう。

第2章　儲け話には裏がある

岸田首相の「貯蓄から投資へ」は説得力ゼロで矛盾だらけ

為替や物価、株価が動いている好況下、こういう時期には投資関係の「甘い言葉」が多い。こうした眉唾な儲け話には往々にして裏があるものだ。

しかも、そんな話を日本のトップがすることもある。

22年12月30日、岸田首相は東京証券取引所の大納会に出席した際に、「貯蓄から投資へのシフトを大胆、抜本的に進めていく」と表明。国民に向けて、投資による個人の資産形成を促した。しかし、当の岸田首相は株式を保有していない。

国会議員は自分の保有資産を公開しなければならないと法律で義務づけられている。最近の保有資産の資料を見ると、岸田首相の資産は2億円以上ある。

公開資産の金額は、自分と家族の分もすべて合算したものだが、ほとんどが土地・建物の不動産で、あとは預金くらいだ。

資産がある程度大きくなれば、普通は株式を持つ。なぜなら、不動産、預貯金、株式が資産形成の3本柱だからだ。

資産が2億円以上あって株式がゼロというのは珍しいパターンだが、そもそもそんな人が「貯蓄から投資へ」などと言ったところで、説得力がないに決まっている。

これは本当にお笑いみたいな話だが、いまの岸田政権の周りにいる人は官僚が多い。官僚は、とりわけ現役のときは株式投資をしない。

なぜなら、インサイダー取引になる可能性があるからだ。もちろん「この企業のこんな情報がある」と誰かに話すことも許されない。これは新聞記者も同じで、インサイダー情報に触れてしまう立場の人は株式投資ができないのだ。

そのため、現役の官僚に株式投資をしている人はいないし、退職したあとも株式は持たないままというケースも結構多い。つまり、岸田政権の周辺の人は、ほとんど株式投資の経験がないのだ。

金融商品を扱っている投資関係者から見ても、岸田首相の言葉は全く刺さらないだろう。それどころか、「金融所得課税は検討が終わっていない」などと平気で言う首相に、不信感を募らせている可能性もある。

金融所得課税とは、株式の配当金や譲渡益など金融所得にかかる税のことで、岸田首相はこれへの増税に前向きな発言を繰り返している。

岸田首相の「貯蓄から投資へ」という言葉をきくと、何となく「貯蓄と投資は違うものなんだろうな……」と思う人もいるかもしれない。

しかし、国民からお金を預かった銀行は、それを貯め込んでも仕方ないから、貸付金や株式購入といったかたちで投資する。だから貯蓄でも投資でも、最後はお金を出すという点では同じだ。

経済学では「貯蓄は所得から消費を引いたもので、投資と同じ額になる」というよく知られた原理がある。所得から消費を引くと貯蓄になるが、銀行預金にすれば最後は企業にいくから結局は投資になる。そういう意味では、数字上、貯蓄と投資は均等するのだ。

このように「貯蓄=投資」という式が成り立つ以上、「貯蓄から投資へ」というのは何を伝えたいのかはっきりいってわからない。これは経済学を少し勉強すれば、誰でも不思議に思うことだ。

岸田首相の伝えたいことをあえて筆者なりに解釈すれば、「銀行預金をせずに株式を直接買おう」ということだろう。

マクロ的な観点でいえば、投資の流れには、預金を経由した銀行による投資と証券会社を通じた投資の二通りあるが、岸田首相の話は片方の銀行預金をやめようということにすぎない。こうした立場は証券会社の回し者にかなり近い。

そうツッコんだら、岸田首相は理解できずにアワを食っておしまいだろう。マスコミは、本当なら「なぜ証券会社だけを優遇するのか」「なぜ証券会社経由の話だけをするのか」というツッコみをしなければならない。

筆者がこういう政策を考えるときは慎重になる。いまだから言えるが、実は第１次安倍政権のときも、安倍首相は「貯蓄から投資へ」と打ち出そうとしていた。

しかし、先述したようなロジックで「それでは証券会社の肩を持つだけだ。それよりも経済全体の話をしたほうがいい」というアドバイスをしたのは筆者だ。

投資を増やすのは簡単だ。「所得倍増計画」を実現できれば、結果として貯蓄も投資も増える。

だから所得を増やすほうが重要で、そのためには最初に失業率を下げることを考えなければならない。失業してしまうと所得もなくなるから、とにかく働くことが大事だ。失業がなくなれば賃金も上がる。そんな話も当時の安倍首相とはしていた。

一方、岸田首相は「資産所得倍増計画」を掲げている。資産所得とは、利息や株式の配当など金融商品から上がってくる所得のことだ。

いまはそこだけを倍増するような話になっているが、本当はもっと大きな意味での所得を倍増してくれたほうがいい。国民の預金ならまだしも、証券会社の肩を持つようなかたちで、ごく一部の所得を倍増するだけではダメだ。

これは官僚がよく間違える典型的な政策の一つだ。要するに貯蓄も投資も何も知らないのだろう。官僚時代に株式を持ったことがないから、何となく投資への憧れがある。だから「貯蓄から投資へ」などと矛盾だらけの話をしている。

ツッコみどころ満載だ。

保険も投資信託も金融機関の話を鵜呑みにするな

岸田首相の資産所得倍増プランは、NISA（少額投資非課税制度）の恒久化が柱とされていた。

NISAとは「Nippon Individual Savings Account」の略。NISA口座内で購入した株式や投資信託などの運用益が、毎年、一定範囲の購入額まで非課税になるという制度だ。

現在のNISAの非課税枠は年間120万円程度だから、株式投資をしている人から見れば大した額ではない。それにすべてが非課税枠になるわけではないから、いまのところメリットは小さいが、ないよりはましという程度だった。

そんなＮＩＳＡの制度改正の内容が22年12月に明らかとなった。

24年1月から一般ＮＩＳＡ（成長投資枠）とつみたてＮＩＳＡ（つみたて投資枠）の併用が可能になり、年間投資上限額が最大３６０万円に拡大。生涯非課税限度額が最大１８００万円で新設され、非課税保有期間を無期限化するというものだ。

こうしたこともあり、ＮＩＳＡを始めるかどうか迷っている人もいるだろう。

しかし、投資について「おすすめしたい」という話があったら、よく考えたほうがいい。とくに金融機関がすすめるものは、本当に我々にとっておすすめかどうかは微妙なところ。金融機関の話を鵜呑みにして痛い目に遭っても、投資はすべて自己責任だ。

昔なら銀行は預金サービスくらいしか行っていなかったが、00年ごろから系列の証券会社、保険会社の商品を販売するようになった。

その結果、銀行員のおすすめということで、投資信託や保険に入る人が増えた。はっきりいって、証券会社や保険会社は銀行とは別会社だ。

そのことを知らずに、投資信託や保険に手を出したがゆえに、とんでもないことになった失敗事例はたくさんある。

まだ筆者が役人だったころ、「変額保険」というものがあった。保険とは名ばかりの詐称レベルで、中身は投資信託そのものだ。上がり下がりがあって損をすることもよくあったため、それでだまされる人が結構いた。

「老後のための保険だから」「貯蓄性があり保険金は返ってくるから」というのが、当時の銀行や保険会社などの常套句。たしかに貯蓄性が多少はあるが、保険で貯蓄性があること自体、実は保険ではないことを表している。

保険とは、補償と投資信託を組み合わせてできている商品で、補償性のほうがすごく高ければ保険になる。しかし、「いずれ保険金が返ってくる」と謳っている商品のほとんどは、契約内容を見てみると保険ではないケースが多い。

変額保険は手数料が高い投資信託と同じだ。手数料が高くて儲かるから、わざわざ銀行や保険会社がすすめてくる。

これは筆者の個人的見解だが、もし変額保険に入っている人がいれば、損切り覚悟で早くやめたほうがいいかもしれない。

日本人は保険が大好きだが、保険料の半分くらいは、実は保険外交員に給料を払っているようなものだ。

なぜそんなものに入るのか、わけがわからない。普通に考えて保険に払えるだけのお金があるなら、自分で貯めておいたほうがはるかにいい。実際、筆者は保険には絶対に入らないし、手元に貯めている。

なかには「銀行に預金しても利子がほぼつかないから……」という理由で入る人もいるだろう。だが、保険料の何割かを手数料として支払うような商品なら、絶対に戻ってこないと思ったほうがいい。

仮に筆者が必要に迫られて、どうしても保険に入らざるを得ない状況になったとしても、貯蓄型には絶対入らないし、補償を限定したプランにしか入らない。

そういう意味では医療保険のほうがまだましで、補償を限定して掛け捨てしているものが一番まともだ。なぜなら、保険は補償を得るのが目的だからだ。

もし老後に備えたいなら、国民年金（老齢基礎年金）に上乗せして加入できる「国民年金基金」がいい。手数料がかからないし、国がやっているからまだ安心だ。企業だと厚生年金の上に「個人年金」というものがあり、税制上の恩典もある。

それでもなお、将来の貯えに不安があるのなら、事業に投資するのも手だ。ただし、次項でも解説するが、株式投資は難しいし、相手の企業のこともわかりにくいから、ヘタに手を出さないほうがいい。

それよりも、自分の仕事まわりの事業に投資するほうが、わかりやすいし確実だ。保険や投資信託を購入するよりは、そちらのほうがよっぽど安全だろう。

株式投資成功の秘訣は証券会社やマスコミを信用しないこと

証券会社は、さまざまなセールストークを駆使して株式投資をすすめてくる。

だが、株価を予想するのは非常に難しく、読みが外れればそれなりのペナルティもある。株式投資はそこがシビアだから、先を早く読める人が儲かり、そうでない人は指をくわえながら上がっている株価を見て悔しがる。

社会の半年から1年先を予測しないといけないから結構頭を使うし、数学や経済原理を知らない人には向いていない。

そこへいくと、果たして証券外務員が、どれだけ経済学や数学を理解できているかは疑問だ。場合によっては、外務員が金融リテラシーの低さゆえに間違った情報を客に与えたり、客の無知さにつけ込んでひどい金融商品を売りつけたりすることもあるだろう。

それでいて、高い手数料をとられるとなれば、たまったものではない。筆者が大蔵省に入って最初に配属されたのは証券局だったが、証券会社や保険会社には手数料稼ぎの商品がたくさんあり、消費者からの苦情の電話もしょっちゅう受けていた。

余談だが、筆者は自分の職業の倫理上、株式投資はしない。自分が儲けるために話していると思われるのは嫌だからだ。

大蔵省内には、投資を禁じる内部規則というものもあった。省内にはインサイダー情報が山ほどあり、それをもとに株式投資をするとアンフェアだし、法律違反にもなる。それでも株式投資をして、実際にクビになった人もいた。

いまのところ、どんな経済学のツールをもってしても「確実に株価がこう動く」と断言はできない。

だが、経済学や数学の知識を備えておけば、傾向くらいなら読むことができる。逆にいえば、それらを知らなければ傾向すら読むこともできないため、初めから株式に手を出さないほうがいい。

たとえば、21年2月、日経平均株価が一時３万円を超えたが、こうなることを予見できた読者がどれくらいいただろうか。

いつごろから日本の株価が上がり始めたかといえば、20年10月だ。それは当時の安倍首相が景気対策を講じたからだ。

バブルからアベノミクスまでの
日経平均株価推移

単位：円

日経平均プロフィル資料より

本来は4～5月あたりに対策の効果が出始めるはずだったが、新型コロナウイルスの影響などで10月以降にずれた。要は景気対策で株価が上がるということを一部の投資家が予想していたのだ。

そうした投資家たちが少しずつ株式を買っていて、企業の収益予想もどんどん上がりそうだから株価も上がった。株式市場とはこうした未来を読める人が儲かる仕組みのため、それで成功できる人は尊敬に値する。

そもそも株価はどうやって決まるのか、その原理もしっかり理解しておいたほうがいい。

基本的な話をすると割と簡単で、半年

先や1年先など将来の企業の収益予想を金利で割ったものが株価になる。

式にすると「予想収益÷金利＝株価」だ。たとえば、金利が5％なら0・05に置き換えることができるが、0・05で割り算するということは20倍に掛け算することと同じ意味になる。そうなると、「予想収益÷0・05（5％）＝予想収益×20」が成り立つため、収益予想の20倍が株価だ。金利が下がると、分母が小さくなるから株価も上がる。

これはいわゆるファイナンス論だが、本はといえば数学だ。

その基礎を作った人は伊藤清という日本人で、東京帝国大学理学部数学科出身で筆者の先輩に当たり、さらにいえば大蔵省の先輩でもある。筆者より前に東大数学科から大蔵省に入省したのは3人しかいないが、そのうちの一人だ。

もっとも、伊藤清が入省したのは戦前で、当時はほかに就職先がなかったらしい。結局、大蔵省も肌に合わずファイナンスの研究を続けていた。戦時中にもかかわらず、論文をたくさん書いてガウス賞という世界的な賞を獲った。

そんな人が手掛けていた学問だから、ファイナンス論は難しい。ちゃんと理解できている人は証券会社やマスコミにも少ないだろう。

株式投資をしたいなら、マスコミ情報を信用しないことが大切だ。

アベノミクスによる株価上昇を受けて、無知なコメンテーターは、「いまは金利が低いから株価も上がっている」とすぐに短絡的な結論に結びつけようとする。

だが、日本の金利はずっと低いままだから、それだけでは株価の上昇は説明できない。「企業収益が将来上がるだろう」という予想を投資家がしているから、それに比例して株価が上がっているというのが正解だ。

ときどき「日銀が株を買うから株価が上がっている」という人もいる。

日銀はもともと日本株のETF（上場投資信託）を買いつけていたが、実際に株価が上がりだしたのは20年10月だから、日銀の株購入と株価上昇は関係ない。

あるいは、「日銀は20年3月、ETFの購入金額を年間6兆円から12兆円に引き上げたので、これが株価上昇の引き金になった」という見方があるかもしれない。

日本の株式の時価総額は約700兆円ある。それがたった6兆円、1％弱だけETFの購入額を増やしたところで全体の株価が大きく動くわけもない。

なかには、アベノミクスによる株価上昇を「バブルの再来だ」などと否定的にいう人もいた。

日本は失われた20年の経験があるためか、株価が上昇するとバブルを連想して拒絶反応

日米の株価の連動性　　単位：ドル・円

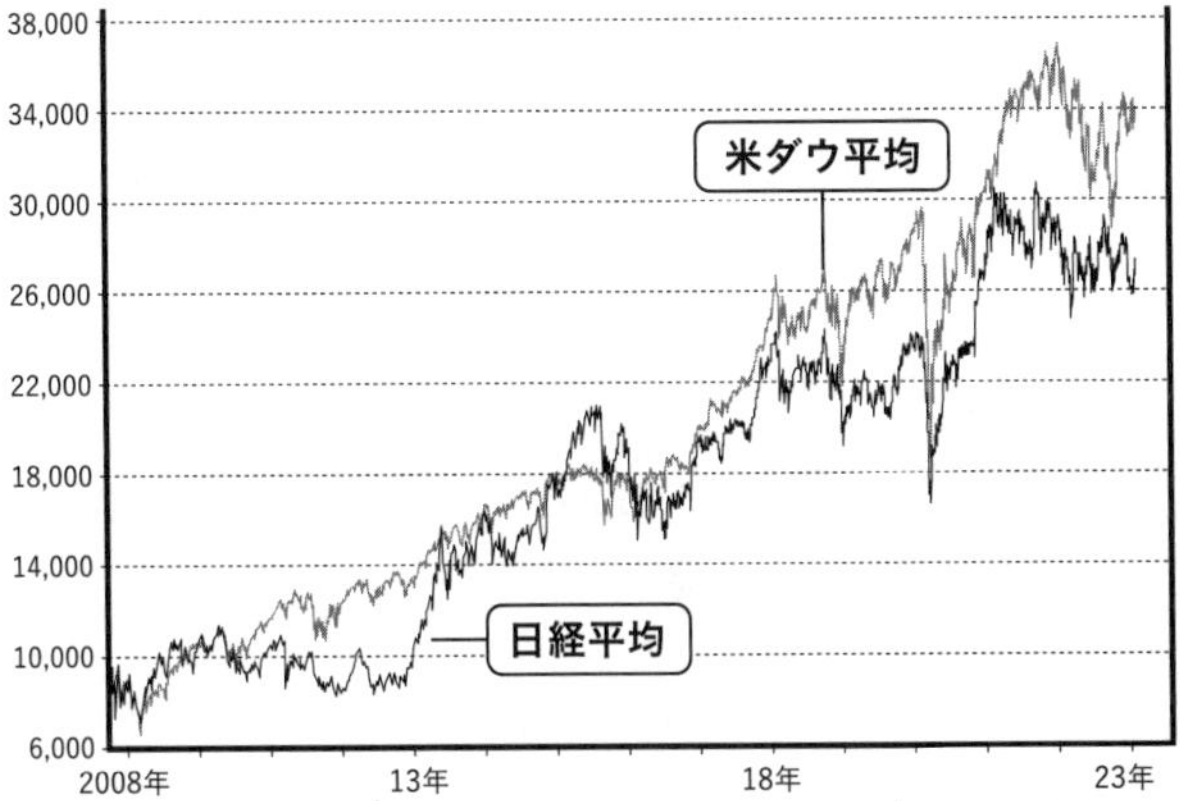

常陽銀行資料より

を示す人もいるが、これもナンセンスな意見だ。

バブル期の日本は、いい経済パフォーマンスだった。それに、そもそもアベノミクスによる株高は、バブルとまでは言い難い。

そのことは経済史を少したどれば簡単に説明できる。

21年3月に株価が3万円を超えたのはおよそ30年ぶりだったが、3万円の「円」の部分を「ドル」に置き換えると米国の株価とそっくりになる。ちなみに、同時期のダウ平均株価も3万ドルくらいだった。

さかのぼれば、バブル期のピークは4万円近くまで上がり、90年から10年間はただ下がる一方で、00年初めからまた上がり始めるも、

08年のリーマン・ショックで8000円くらいまで急落。00年以降は米国株とほぼ同じ値動きで推移しているため、3万円という株価はある意味で正常だった。

そのことから、少なくともバブルではないと結論づけられる。

こう説明しても納得しない人に対しては、「バブルだとわかっていれば、あなたは儲けられる。バブルなら株価が上がれば、次は必ず下がるから、先物をそのときの価格で高く売って、下がったときにまた買い戻せばよろしいのでは？」と言えばいい。

バブルだとケチをつける人は、うまくやれば儲かるはずだが、だいたいこういうロジックをまるで理解していないから、口を出すだけで傍観している。

そもそも日本では、株式に関する教育がほとんどなされていないことが問題だ。

株式投資をきちんとしようと思えば、算数や数学を使った割引率などがわからないと難しい。そういうことを中学校の段階である程度は教えないといけない。教わらないまま大人になっていきなりやれといわれても、なかなか大変だ。

高校の数学で数列というものを習ったことがあると思うが、株式はそれを応用するには非常にいい教材だ。等比級数の授業では、公式だけを覚えてもつまらないが、金融や株式の話を例にとって説明すれば、格段に面白くなる。

算数や数学は、実生活でも役に立つから面白いのだ。

さらに残念なことに、株式を資本主義の手先のように捉える人もいる。そうしたイデオロギー的な理由から株式投資については教えないし、そもそも数学が不得意で教えられないという教員が、日本の教育界にはとても多い。これはまずい状態だ。

そういう人はとくにマルクス経済学が好きな傾向にあるが、あれは経済学ではない。海外にいけばすぐにわかる。左巻きの人やマルクス経済学者と株式について話すと、とんでもない意見しかいわない。

株価が上がっただけで、一般市民の景気はよくなっていないと批判する人もいるだろう。たしかに株価が上がれば企業業績はよくなるが、その恩恵を受けるのは、最初は労働者よりも株主になる。株主のほうが先に利益を分配されるからだ。

ただし株価が下がったときは逆で、株主が先に損をする。

そう考えると、労働者が安全なところにいたまま「儲けられるときだけ儲けたい」というのはやや都合のいい話かもしれない。

為替を使いFXで儲けようとすると業者にだまされる

「米国がインフレ、日本はデフレなのに、なぜ円高ドル安にならないのか？」

そんな質問をされることがあるが、そういうことに関心があるのはおそらくFX（外国為替証拠金取引）をしている人だろう。

FXとは、各国の通貨を取引して、その差額により利益を得ようとする投資のことだ。

ステレオタイプなセオリーでは、「米国がインフレで日本がデフレだと、インフレ率の差で為替が減価する」という言い方がされる。インフレ率の差で為替が動くため、インフレ率が高い国のほうが通貨安になり、低いほうが通貨高になるという理屈だ。

こういう定性的な話で為替を理解したつもりになってFXをしているような人は、もう少し勉強したほうがいい。

なぜなら、このような定性的な話だと、数字でどこを基準にして測るか、いまの為替水準が割安か割高か、などを判断しにくいからだ。

為替は何かの算式でぴったり当たるようなものではない。為替にも経済理論はあるが、「どれくらいの期間で何割くらいの確率で当たる」程度の話だと理解しておこう。

それを踏まえた上で、定量的な話でいえば、為替は2～3年のスパンで見て7割くらいしか当たらない。ＦＸのような短期投資なら、その理論からずれることはよくある。目先の話は、この手の経済理論から導き出される答えとはいっさい関係ない。経済理論が通用するのは長期、せいぜい3～5年ほどのスパンの話だが、それでもまあまあ当たるかな、というレベルだ。

もっといえばＦＸの動きは、３カ月以内は予測不能だ。これを「ランダムウォーク」、日本語で「酔歩」という言い方をするが、酔っ払いがふらふら歩くのと同じで一歩先が予測できないという意味になる。

為替は3カ月くらいで考えると、ほとんどランダムウォークだ。だからＦＸで3カ月、半年そこらで収益を上げたい人は勘でやるしかない。

金融業者もそのことを知っているから、金融商品は長期投資するほどコストがかかるような仕組みになっている。

為替レートは2国間通貨の交換比率だから、もし為替を予測したいなら、日米のマネタリーベースがどうなるか少し先の数字を読み、その割り算をすればいい。あくまでインフレ率では見ずにマネタリーベース比で見るのがポイントだ。

インフレ率と為替を直接結びつけるような理解は、投資のプロならあまりしない。金融業者が勧誘する際の常套句だ。インフレ率や為替の話は、はっきりいって役に立たない。むしろ、金融緩和をしているかどうかという観点で考えたほうがいい。

現状、米国のマネタリーベースはあまり増えていない。もちろん経済成長とともに増えていくが、その増え方は小さい。日本も大きくは動かないから、せいぜい少し円高になるくらいだろう。

こうした日米の相対的な話も定性的だから、こういうことだけで為替レートは決まらない。定量的に考えて、このくらいが金融緩和のベースだからマネタリーベースの動きはこうなる、と予測するのがプロだ。

FXは定性的な話だけになるから予測が難しい。それで勝てるならみんなやる。この手の投資は、もう少し深い定量的なところまで理解しないとまず勝てない。

FXに勧誘する業者も、適当な経済用語を使って説明するが、実は本質をよく理解していない。もし本当に理解していたら説明も勧誘もできなくなる。

金利差で説明するなどいろいろな手段を講じてくるが、結局は目に見えるわかりやすい説明だけしてわかった気にさせるというレベルだ。

これにだまされるようでは、なかなかＦＸのプロのレベルには達しない。

プロは２年くらい先を見て予測しながら、あまり派手な売り買いはしない。ある程度予測できるなら、「バイ・アンド・ホールド」という長期保有の投資方法にしたほうが、手数料も取られないからはるかにいい。

短期的な売買をすれば負ける確率のほうが高いから、筆者もこういう話は超金持ちの資産家で、かつ長期的なポートフォリオを組む人にしかできない。

暗号資産はいずれ民間サービスが駆逐され中央銀行が発行

ＦＸと同じように、暗号資産（仮想通貨）で簡単に儲けようとしてもうまくいかない。

なぜなら、年々多少の規制はされているようだが、相場が投機的であり、適正相場を歪める「相場操縦」をし放題なデジタル通貨だからだ。

いまは昔ほど聞かなくなったとはいえ、暗号資産関連の民間セミナーは、個人的な意見として９割が詐欺だと思っている。

実際に、筆者もセミナー会社から講演依頼を受けて会場にいってみると、怪しい雰囲気の会でだまされたこともあった。

そのときは当たり障りのない法律の話だけをして、最後に「儲け話を他人にする人は怪しいので注意しましょう」と講演したことは、笑い話としてウケた。もちろん次からは決していかない。

いずれ民間の暗号資産は駆逐されるだろう。なぜなら、将来的に中央銀行が暗号資産を発行する可能性もあるからだ。

暗号資産は単なるプログラムだから、全く同じことを中央銀行がするのは簡単だ。本当のお金を裏づけにして、正しい便宜性のために暗号資産を発行することは容易だ。

すでにそういうことはほとんどの国の中央銀行が研究しているから、自分たちで取り組みだすのは時間の問題だろう。

民間が発行している暗号資産にはたくさんの種類がある。もし国家が保証している暗号資産もあったら、投資家はどちらを買うか。信用力などの観点から、民間の暗号資産が見劣りすることはいうまでもない。

中央銀行として考えると、本当のお札を刷るか、暗号資産として発行するか、そのチョイスということになる。別にお金はお札で出してもいいし、暗号資産で出してもいい。中央銀行としてはどちらで発行しているかさえはっきりさせればいいのだ。

そうなるとクレジットカードの利用もかなり減って、クレジット会社は大変なことになるかもしれない。

中国がデジタル元を発行しようとしているのも、こうした流れの一環だ。

もし中国のデジタル元でクレジットカード的な機能を日本で提供されるようになったら、日本の中央銀行にそうした機能がないからという理由で、デジタル元を使う人も出てくる可能性がある。

これは結構危ない話だから、同じようなことを日本でも取り組んだほうがいい。

日本政府はせっかくデジタル庁をつくったのだから、そこで取り組むべき最たるものが中央銀行のデジタル化だ。

いま、国庫金の処理でも一部はデジタル化されているが、それらはすべてデジタルで十分だ。そういうことは時代とともに不可避になる。

本当は20年ごろから実験しているはずなのだが、まだ本格的に始まってはいない。

なぜなら、官僚がサボっているからだ。官僚にド文系が多くて、この手の話の重要性がわからないらしい。いつものパターンだ。ご託ばかり並べてないで、早くプログラムを組めと筆者はいつも訴えているが、なかなかそうしてくれない。

銀行が売りたがらないほど利回りが高い国債の仕組み

もし金融商品という意味で、筆者がいいと思うものを挙げるなら「国債」だ。なぜなら、国債は手数料がほとんどかからないし、途中で金融機関に収奪される心配もないからだ。

国債は銀行でも買うことができる。いまはインターネットを見れば売り出し日がわかるから、そのときに申し込めばいい。

ただし、その金融機関で国債を取り扱っているか自分で調べる必要がある。ほかの金融商材では儲け話をもちかけてくるくせに、国債だと表立ってはすすめてこない。

銀行が国債を積極的に売りたがらない理由は、利回りが高いからだ。

銀行はずるいので、低い利回りの預金を受け入れて、高い利回りの国債を売ってサヤを抜いている。本当においしい話は、なかなか他人にはすすめないものだ。

日本の預金金利は国債金利よりも低い。世界の常識からすれば、こんなことはありえない。それを筆者が役人のときに指摘したら大騒ぎになった。

金利というものは、信用があって低リスクの安全な人や組織ほど低く設定される。逆に信用が低くリスクが高ければ金利は高くなる。

銀行の預金金利と国債金利を比べたら、なぜか銀行のほうが国よりリスクが低い設定になっているが、これは理解不能だ。

どの国も国債金利が一番低くて、銀行の預金金利は国債よりも少し高い。

日本がそうなっていないのは、預金者が銀行にお金を預けたまま放置し、一方の銀行はその預金で国債を買って儲けて、それを売らずに持ち続けているからだ。こういう話をすると銀行から抗議がきて大変だが、筆者は事実を伝えているにすぎない。

国債は金利と密接に連動しているので、ここから先は金利の基本について解説しよう。

金利には大きく分けて2種類ある。短期金利（1年金利）と長期金利（10年金利）だ。

長期金利の商品には「10年国債」がある。これの金利は何で決まっているかというと、将来10年分（1年後、2年後、3年後……）の短期金利の平均だ。

長期金利にはレートがあって、マーケットが将来の短期金利が上がると予想すれば、長期金利も上がっていくという仕組みだ。

一方、短期金利はだいたい日銀が決めている。こちらは10年国債のような商品がないので、原則として市場原理は働かない。なぜ日銀が金利を決められるかというと、お金を自由に刷れるからだ。なお、16年のイールドカーブ・コントロール導入以降、長期金利についても、日銀は国債の売買オペにより、かなりコントロールしている。そのため、現在の長期金利が、短期金利の平均とは単純にいえないことを留意しておきたい。

短期金利はそのときどきのインフレ率などによって決められている。日本は低金利政策が長く続いている。市場の予想も「そう簡単にインフレ率は上がらない」「デフレからなかなか脱却できない」「日銀も金利を上げないだろう」という予想が大半だった。

しかし、22年12月に日銀は、長期金利の上限と下限を0・25％程度から0・5％程度にまで拡大してしまった。本来なら長期金利の利幅は市場の需給で決まるが、日銀が金利の変動幅を拡大したため、事実上の利上げが行われたかたちだ。

それによって、本稿執筆時点では実際に長期金利相場が上昇しているし、近いうちに短期金利も上がるだろう。

ちなみに米国やイギリスは、日本よりも先に金利が上がっていたが、それは米英のほうが先にワクチンが出ていて、早めにコロナ禍から景気回復しそうだという予想があったからだ。

こういうのは、データの違いからどうしてそうなるのかを研究するのが面白い。繰り返しになるが、そのためには数学が理解できないと無理だ。

「35年住宅ローン」は固定金利と変動金利どちらが得か

「低金利時代もあとわずか！　金利が急上昇する前に住宅ローンを組みましょう」

読者のなかには、念願のマイホームを建てたいという人もいるだろうが、その際にこうした不動産会社のセールストークを鵜呑みにして契約すると、大変なことになる。そうならないためにも、ここでは住宅ローン金利について正しい知識を身につけよう。

住宅ローンには固定金利と変動金利の２種類があり、債務者はどちらの金利プランで返済するかを選ぶことができる。一般的に固定金利はそのときどきの長期金利になるが、変動金利は短期金利に連動するといわれている。

金利の動向は株式と同じで、将来の読みでだいたいが決まる。ただし、自分の読みが世の大勢と似ているかどうかは微妙なところだから、そのあたりを加味して考えたほうがいい。世間の標準的な読みを見抜くのがポイントになる。

とはいえ、もし筆者が「これから35年ローンで住宅を買う際、変動金利と固定金利どちらがいい？」と質問を受けたとしても、確実にどちらが有利という話はできない。

住宅ローン金利の推移

単位：%

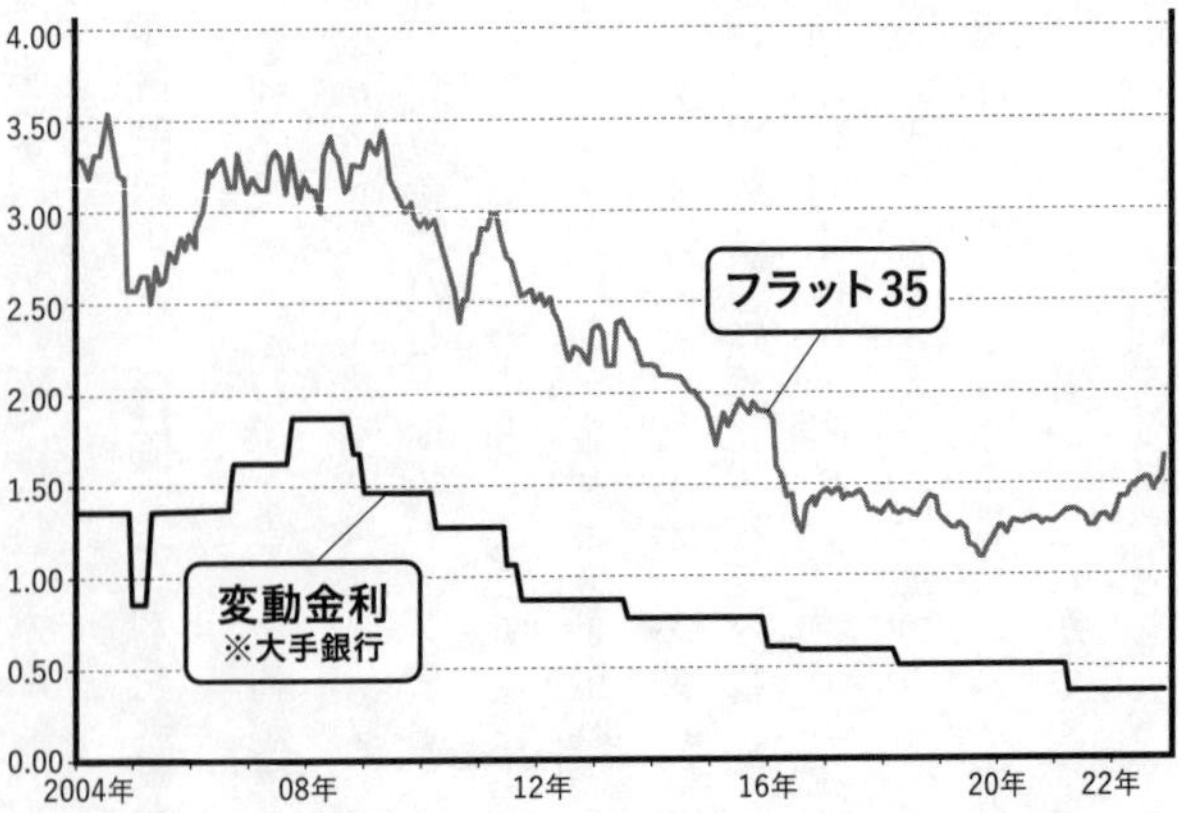

ダイヤモンド不動産研究所資料より

現在の経済状況が続くと仮定したら、「どちらがより利払いが少なくなるか」ということくらいは言えるが、前提が崩れたらその話も崩れるからだ。

変動金利のデメリットとしては、将来景気がよくなったときに金利が上がることだ。そのときに自分の収入がそれに応じて上がれば、変動金利でも大丈夫だろう。ただ、景気に応じて自分の収入が上がるかどうかはわからない。なぜなら世間は景気がいいが、自分の会社は業績が悪いということだってあるからだ。

一方で、固定金利は一度その利率でローンを組むと約束したら、その後はずっと変わらない。そのため、一番低い固定金利の時期を見極めることができればお得だ。

その点でいえば、1年ほど前なら日本の固定金利は歴史的な低水準だった。そのときにローンを組んでいた人は、いいタイミングだったかもしれない。

しかし、22年12月の日銀による事実上の利上げによって、住宅ローンの固定金利は瞬く間に上がってしまった。

変動金利も早晩上がると予想される。23年中には変動金利の支払利息の金額が、いままでより2～3倍は高くなるかもしれない。

そうなってしまっては、固定金利と変動金利はどちらが得なのかよくわからない。

いまの時期はとくに不動産会社の甘い言葉に注意しよう。

無理する持ち家より賃貸のほうが断然いい

住宅ローンのセールスにだまされないための基本を学んだところで、次に「そもそも家を買う必要が本当にあるのか」と自問することも大切だ。

一般的に日本人は持ち家志向が強いといわれている。もし筆者が「自分が住む家は持ち家と賃貸、どちらが賢い選択か」と質問されれば、「何も資産がない人は賃貸のほうがいい」と答えるだろう。

持ち家にはリスクがあることを考慮していない人が多い。筆者のように東京生まれで、昔から土地を持っているような人なら、都内に家があるのはわかるが、資産が何もないのになぜわざわざ持とうとするのか。

家を持つためにはお金が必要だ。もしお金を使わずにただ持っているだけでも、多少はお金の価値が下がるかもしれないが、そうはいってもたかが知れている。しかし、土地の価値は下がるときは本当に下がる。仮に1000万円で土地を買ったとして、将来にわたってその額である確率はほとんどない。

値上がりする可能性もあるというのは、いままでがそうだっただけで、これからは値下がりする土地もたくさん出てくるだろう。

土地の価値が上がると思っている人は、根拠のない土地神話を信奉しているにすぎない。高度経済成長とともに地価が上がっていったから、今後もそれが続くと思い込んでしまったのだろう。

土地を活用する企業がたくさん出てくれれば、その分だけ土地の価格は上がる。経済活動が上向けば価格も上がる傾向にあるが、これからはそう簡単にはいかない。

日本の持ち家数と持ち家率の推移 単位：千戸(左)、%(右)

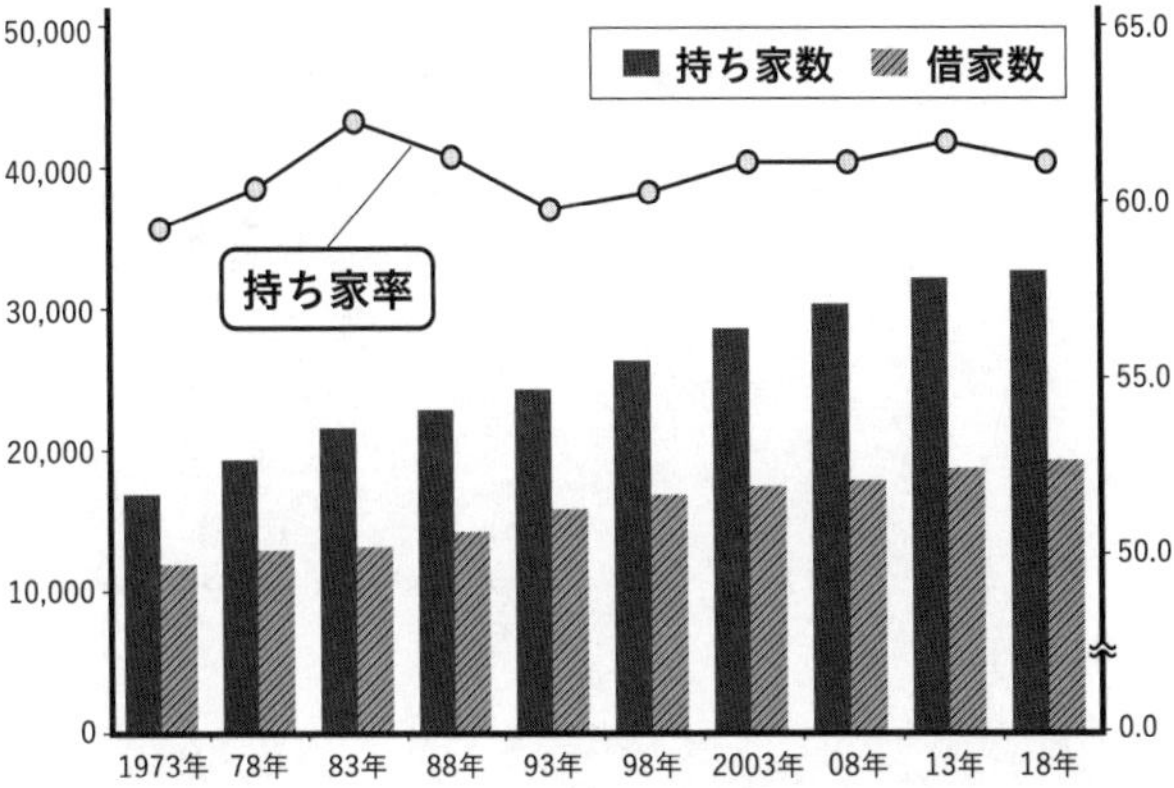

総務省「住宅・土地統計調査」より

いまローンを抱えている人は最悪だ。

土地の価格が高かったときに買っているはずだから、たくさんの借り入れがある。そこで価格が下がったら大変だ。だいたいは自分の給料だけでローンを払いきれなくなり、最後は土地を安く売るというパターンに陥る。

こういうときは金融機関の取り立てが結構厳しいから、土地を手放さざるを得なくなるケースが多い。

仮に1億円の土地で1億円の融資を受けたとすると、土地が5000万円になった途端にお金を返せなくなる。

家を買う人はそういうリスクがあることを覚えておこう。

ただ住むだけなら借りているほうがラクだ。賃貸はローンよりも月々の支払額が多いという人もいるだろうが、家賃は土地の価格である程度は決まる。

もし大家が家賃をあこぎに取っている場合は、たしかに土地を買ったほうが少しは得かもしれない。だが、これだけ賃貸物件が多ければ価格競争も激しいし、大家ごとの取り分の差異などもたかが知れている。

そう考えると、持ち家はリスクが大きくなる。だから家は持たないというのが基本だ。

地方からくる人に限って持ち家のほうがいいというが、わけがわからない。都心に土地を持っていなくても地元にすでにあるなら、なぜ、わざわざ2カ所も持つのかと疑問に思ってしまう。日本人なら土地は1カ所で十分だ。

いまのうちに持ち家を売却してローンを返済し、賃貸に住み替えるという手もある。ローンの借り換えを考えるくらいなら、家を売却して賃貸に住んだほうがラクになるだろう。不動産価格の変動リスクを抱えなくて済むからだ。

お金がありあまって使うことがないならいいが、生活がかつかつでローンを組まないといけないような人なら、そんな大きな買い物をしなくていい。

これがたとえば車のローンなら、数年で返済が終わるから大きな問題にはならない。しかし、住宅ローンは35年などと期間が長いから、それだけリスクも大きくなる。ただでさえ、いまは金利が上がっている時期だ。よくよく考えて決断したほうがいい。

不動産会社や金融機関などからの儲け話には、裏があると肝に銘じておくようにしよう。

第3章　海を渡りつつ、悪例になるな

社会主義国でのビジネス展開のリスク

筆者はしばしば著書のなかで「川を上り、海を渡れ」と読者にアドバイスしている。

この言葉は普段、「フェイクニュースや誤った情報にだまされないために、歴史をさかのぼって見識を深め、海外の事例に目を向けて視野を広げよう」という意味で使っている。

しかし、中国やロシアなど共産主義国でのビジネス展開という意味で、海を渡ろうとしている人には「待った！」をかけたい。

先端産業を中心に、米国をはじめとした外資系企業の少なくとも4分の1は、すでに中国から撤退を始めている。

なぜなら、共産主義国でのビジネス展開にはリスクがつきまとうからだ。

今後、世界は民主主義国と共産主義国の間で、軍事的な安全保障面において分裂していく可能性が高い。

そうなると当然、経済面でも分断されていく。だから共産主義国に進出して儲けていた企業は、これから大変になるだろう。

今日、明日ということはないだろうが、それに備えてなるべく早く退いたほうがダメージは少ないし、リスク上は安心だ。

それこそ台湾有事があったときに、中国に対する経済制裁が起きれば大変なことになる。中国の習近平国家主席は台湾をまだ諦めてない。

安倍首相は以前、中国から戻ってくる企業に対して補助金を出した。いまでも経産省は「サプライチェーン対策のための国内投資促進事業費補助金」というかたちで、中国から撤退した企業に事実上の補助金を出している。

原材料や部品調達から製造、在庫管理、配送、販売までを手掛ける「サプライチェーン企業」は、カントリーリスクを抱える中国に依存していたからとくに危ない。

カントリーリスクとは、日本貿易保険（ＮＥＸＩ）が発表している指標だ。ＯＥＣＤカントリーリスク専門家会合にて、国ごとの債務支払い状況、経済や金融情勢などの情報に基づき決定されている。

その評価にはＡ～Ｈまでカテゴリーがあって、Ａに近いほどカントリーリスクが低く、Ｈに近いほど高くなる。ロシアはＨで中国はＣとなっているが、本来ならこの評価はあり得ない。中国は甘く評価されている。

実際、中国に進出したがゆえに、散々な目に遭っている企業はある。その代表例が、衣

主な国・地域のリスク・カテゴリー

	国・地域
A	**日本**、シンガポール、イタリア、ドイツ、フランス、イギリス、カナダ、米国、ニュージーランド、オーストラリア
B	台湾、韓国、スロバキア、チェコ、エストニア、スペイン、バミューダ島、グリーンランド、グアム、ニューカレドニア
C	アラブ首長国連邦、サウジアラビア、**中国**、スロベニア、ポーランド、ポルトガル、仏領西インド諸島、タークス・カイコス諸島、チリ
D	イスラエル、インド、クロアチア、ハンガリー、トリニダード・トバゴ、メキシコ、ウルグアイ、ペルー、ボツワナ、モロッコ、北マリアナ諸島
E	キプロス、アゼルバイジャン、ベトナム、セルビア、グアテマラ、ドミニカ共和国、コスタリカ、コロンビア、南アフリカ共和国、パラオ
F	トルコ、バングラデシュ、ギリシャ、アルバニア、プエルトリコ、ホンジュラス、パラグアイ、ブラジル、コートジボワール、セネガル
G	バーレーン、カンボジア、コソボ、ジャマイカ、ボリビア、エクアドル、ルワンダ、ナイジェリア、トーゴ、エジプト、パプアニューギニア
H	イラン、北朝鮮、ベラルーシ、ウクライナ、**ロシア**、キューバ、アルゼンチン、ベネズエラ、南スーダン共和国、リビア、ミクロネシア

※2023年2月6日時点　NEXI資料より

料品の製造から販売までを手掛けるユニクロだ。

21年7月、マスコミ各社は、ユニクロが中国・新疆ウイグル自治区で少数民族を強制労働に就かせたのではないかという疑いで、フランス検察が捜査に乗り出したと報じた。

中国では、少数民族などへの人権弾圧が横行している。

これからはいろんな国が対中国包囲網に加わるだろうから、人権弾圧に加担しているような企業は世界市場から締め出されることになるだろう。

かくいうユニクロも、その対象に

なる可能性はなきにしもあらずだ。

円安で海外進出企業が国内回帰しやすいいま、改めて中国のカントリーリスクについておさらいしておこう。

投下資本は回収できず最悪すべて没収

大前提として、中国は共産主義国だから個人で会社を持てない。

そのため、日本の中小企業のオーナーは、中国進出には慎重だ。リスクを負って身銭を切る彼らは、企業のオーナーになれないということがどういう意味か、肌身で感じてわかっているに違いない。

一方で、日本の大手メーカーは、中国に大金をかけて工場を建設している。

おそらくカントリーリスクを甘くみていて、日本とは国家体制が全く違うという認識が薄いようだ。あるいは、日経新聞による「中国はいいところだ」という宣伝を鵜呑みにしたとも考えられる。

それに、大企業の役員とはいえ会社員だから、身銭を切ってリスクを負っているわけではない。だから、「自分が役員のうちに何としてでも業績を上げたい」「別に会社のオーナ

対中進出企業の推移

単位：社

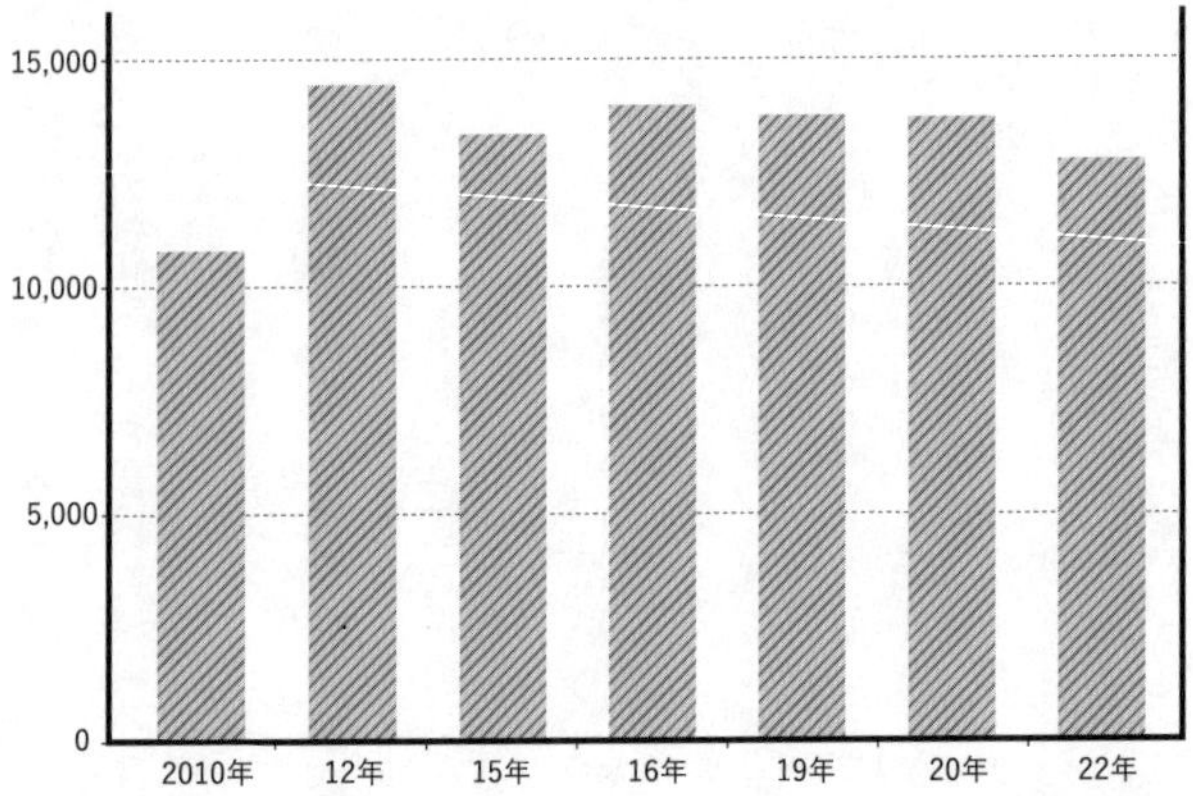

帝国データバンク資料より

ーにはなれなくてもいい」と、短絡的な思考に陥りがちなのかもしれない。

なかには会社の先輩が代々、中国進出していたため、その先例を踏襲しなければならないという社内事情を抱えている人もいるだろう。

中国への投資分は、基本的に全部は回収できないと考えておいたほうがいい。もちろん儲かればその一部は日本に持って帰れるが、肝心の会社は自分のものではないからだ。

そもそも共産主義国は、生産手段が基本的に国有だ。

株式市場も一応は存在するが、すべて共産党の統制下にある。証券会社もすべて国営だから、株式市場がまともな価格になるわけがないし、保有株式も資本規制があるから簡単に売却できない。中国からの脱却は容易ではないのだ。

資本規制という措置は、共産主義国ではよく見られる。生産手段を国有化しているため、資本の流入と流出を同時に抑えているのだ。

こういう仕組みが民主主義国にはないから、つい日本と同じような感覚で中国に進出してしまう人も多いのだろう。

収益だけで投下資本をすべて回収しようとしても難しい。仮に５％の利益率があったとしても、１００％を回収するのに20年もかかるからだ。

中国撤退の際の補助金があれば、常識的な感覚を持つ人なら撤退を考える。ロシアによるウクライナ侵攻もあり、中国など共産主義国のカントリーリスクについての理解が深まりつつあるからだ。

ただし、仮に中国から撤退しようとしても、許可されない限り財産はすべて中国政府に没収される。

多くの場合は投下資本をドブに捨てることになり、そこではいくら投資したかなどの事情も関係ない。

「不動産税」導入の裏にあるバブル崩壊危機

中国では土地も国家のものだ。憲法にもそう規定されている。

そんな中国では不動産バブルの崩壊が囁かれているが、そもそもなぜ共産主義国なのに土地の取引ができるのか。

その背景には、トリッキーな仕組みがある。

土地は国有だが、土地の「使用権」は売買できるのだ。所有者と利用者の権利をバラバラにして、それで売れるようにしている。

これは日本でいえば、借地権を売るのに近い。日本でも戦前、借地権をいろいろと売れるようにしていたが、あまり活発に取引できなかったという経緯がある。

土地の所有権と使用権を別にするという方法は日本にもあるが、それを中国もまねているのだろう。

使用権を売買できるようにしたことで、中国では一気にバブリーな土地取引が行われるようになったのだ。

日本やほかの西欧諸国だと、土地は私有財産制になっている。その制度のもとで土地所有者に固定資産税などを課し、それが地方の税収になるという仕組みはだいたいどの国でも同じだ。

これが中国だと土地は国のもので、固定資産税は課せられない。そこで21年10月、中国政府は「不動産税」を試行導入した。

不動産税の形態ははっきりしないが、普通に考えると所有権は国だから、土地の使用権に課税することになる。

それまで中国では、不動産業者が土地の使用権を売り、個人はそれを買うかたちでマンションを手に入れてきた。

マンション代金はローンをつけて最初に不動産業者がもらってしまい、その代金でまた土地を仕入れる。だから、中国の不動産売買は、しばしば詐欺事件で用いられる「ポンジ・スキーム」という手法だと指摘されていた。

いままで使用権に対して税金を課すことがなく、課税取引がなかったから、どんどん税金なしの不動産取引が拡大してしまった。

課税がない世界でいくらでも自由に取引できてしまえば、バブルがどんどん膨れ上がっていくのは当たり前の話だ。

日本だと、不動産を持つと取得税、固定資産税、譲渡益などに対する課税があるから、頻繁に取引すると大変な税負担になってしまう。逆にいうと、ある程度税金を課すことで取引が緩やかになる側面がある。

中国では非課税だったから、投機的な不動産取引がとても増えていた。それで不動産価格がものすごく上がったから、ブレーキをかけるために不動産税を導入したかったのだと考えられる。

しかし、仮にそうすると不良債権がたくさん出てくるだろう。

中国の不動産価格は、統計がはっきりしないからわかりにくいが、年収の50倍というマンション売買の事例もある。これは通常では考えられない取引だ。日本や西欧諸国だと年収の5倍くらいが相場だが、50倍というのはありえない。

そういう投機的取引を抑制したいから、資本主義国では普通の土地に対する保有税を導入したのだろう。

だが、中国のようにあとから税金を課してしまったら、不動産価格の値下がりが激しくなることも予想される。

そうなると、いままでバブルみたいに膨らんでいた資産が一気になくなってしまうから、経営が厳しくなる不動産業者も出てくる。そこに投資していた人たちにもしわ寄せがきてしまう。

中国の不動産大手、恒大集団の経営難はまさにそれを象徴する出来事だ。

そもそも恒大集団のような業者に投資するというのは、紙切れに投資するようなものだ。中国は外国人投資家に対する保護など全くないため、投資家は泣き寝入りするしかない。

では、その不動産業者が倒産したら誰にツケが回るのか。

一般的には銀行だが、中国の銀行は国有企業だから国家がツケを払わざるを得ない。そのあたりの実態がよくわからず、不透明なままで取引が続いてきてしまった。こういうことは、共産主義国ならずっとごまかせる。

もし中国の土地取引を日本や西欧諸国と同じように考え、恒大集団を資本主義国の不動産業者と同じように見ているのなら、それは大間違いだ。

仮に恒大集団に「財務諸表を見せてほしい」と投資家が訴えたとしても、おそらく無理だろう。もともと中国自体が財務諸表を正確に作るような国ではないから、基本的に存在しないものと考えたほうがいい。

投資先の財務諸表の有無すらも調べずに投資していたのなら、万が一、経営破綻して損失を被っても自業自得と言わざるを得ない。

中国のバブル崩壊が、世界経済に影響を与える可能性は少なからずある。だが、不動産取引に関わった投資家の人数の統計がないから、どれくらいの規模の影響になるかはわからない。そもそも中国では、政策当局にも正確な統計情報がないのだ。

日本ですら、バブル崩壊後の不良債権問題のとき、本当の数字をつかむことはできなかった。筆者が財務省にいたころ、不良債権処理のときに悉皆《しっかい》的に調査し、統計もすべて整理し直してようやく実態が明らかになった。

中国でそこまでする役人はいないだろうから、不良債権を正確に整理しようがない。統計というものは対外的に見せるという目的だけではなく、多くの場合は政策当局がきちんと実体経済を把握するために作っている。実体経済を把握しないと次の政策を打てないからだ。

しかし、中国は統計がいい加減だから、政策当局も実体経済をよくわかっていない。なぜ西欧諸国が統計をきちんと作れるかというと、民間経済が主体だからだ。統計で調査するのは民間経済だから、政府とは違う部分になる。

一方で中国は国営経済であり、業者も国営企業だから、もし統計を正確に作って業績が悪いとなれば、それは政府部門が悪かったという話になってしまう。

日本や西欧諸国なら、民間の業績が悪ければ「国として政策で何とかする」と、他人事な言い方もできるだろう。

だが、中国の国営企業が悪いとなると、経営している国が責任追及される恐れがある。そういう意味でも政府のほうで正確な統計を出しにくいのだ。

これは、経済主体が民間ではない国の一つの大きなアキレス腱だ。そこまで考えて、中国とは対峙しないといけない。

「中国のＧＤＰは大ウソ」と指摘できた理由

22年10月、中国が同年7～9月期（第３四半期）のＧＤＰ統計の発表を当初予定の18日から24日に延期した。中国は、同じようにＧＤＰ発表を遅らせることが少なくない。

筆者は16年に『中国ＧＤＰの大嘘』（講談社）を上梓した。これを書いたきっかけは、もともと中国のＧＤＰを見ていると、動きがとても小さかったからだ。対外関係がそこそこあって、輸出入額がすごく大きいにもかかわらず、だ。

これは統計学でいう、標準偏差を算術平均で割った「変動係数」というものですぐ計算できるが、その数値がほかの国に比べると一ケタ小さかった。

どの国もそうだが、対外関係が大きいほどGDPの動きも大きくなる。にもかかわらず、中国とほかの先進国を比べると、動きが全く違うから疑問に思っていた。

実は、ほかの共産圏の国々もGDPの動きが小さい。それは共産圏の特徴というか、おそらく統計をごまかしているのだろう。

共産圏の話をするときは、本家本元のソビエト連邦（ソ連）にまでさかのぼる必要がある。いろいろ調べていくと、中国とソ連の統計局が全く同じ仕組みだとわかった。

ちなみにソ連はどうなったかというと、約70年間ウソをつき続けた結果、国が崩壊し、ウソがすべてばれてしまった。だから現在のロシアの統計は90年ごろからしかない。

これには、ノーベル経済学賞を獲った米経済学者のポール・サミュエルソンなどもだまされていた有名な話だ。

ソ連と同じシステムで現存している中国が、全くウソをついていないはずがない。少なくとも、ソ連と同じくらいのウソはついているだろう。

著書でそう指摘したら、日本の中国研究者から猛烈な反論を受けた。反発の仕方がまさに左巻きの活動家のそれで、わざわざ勤務先の大学へ抗議にきて、「高橋をクビにしろ」

などと圧力をかけてきた。

逆にいえば、そういう抗議があったから、自分の論証は正しかったのだと確認できた。おそらく、いまだに日本の中国研究者は、「中国が正しい」と信じているのだろう。

当時はほかにも、財務省内の中国の息がかかった人物から露骨な反発があった。

筆者がしている中国の統計についての話は学術的なものであり、かつ日本には言論の自由がある。だから、もし中国がウソをついていないと主張するのなら、本や論文を書いて証明すればいい。

23年1月、国際通貨基金（ＩＭＦ）が、23年の中国の経済成長率の見通しを５・２％と発表したが、この予測もおそらく間違っているだろう。実際のＧＤＰの数字も、中国国内の各省の数字を足すと全く違うことがわかる。

かつて、中国の副首相の李克強が、「中国の統計データは人為的で信用できない」「電力消費量、鉄道輸送量、銀行融資額の三つの数字を見ればいい」といった趣旨の発言を、中国駐在の米国大使に漏らしてしまった。

それを米国大使が本国の国務省に報告したところ、その機密情報が内部告発サイトのウィキリークスに漏洩してしまったという事件がある。

中国の輸出入額の推移 単位：億ドル

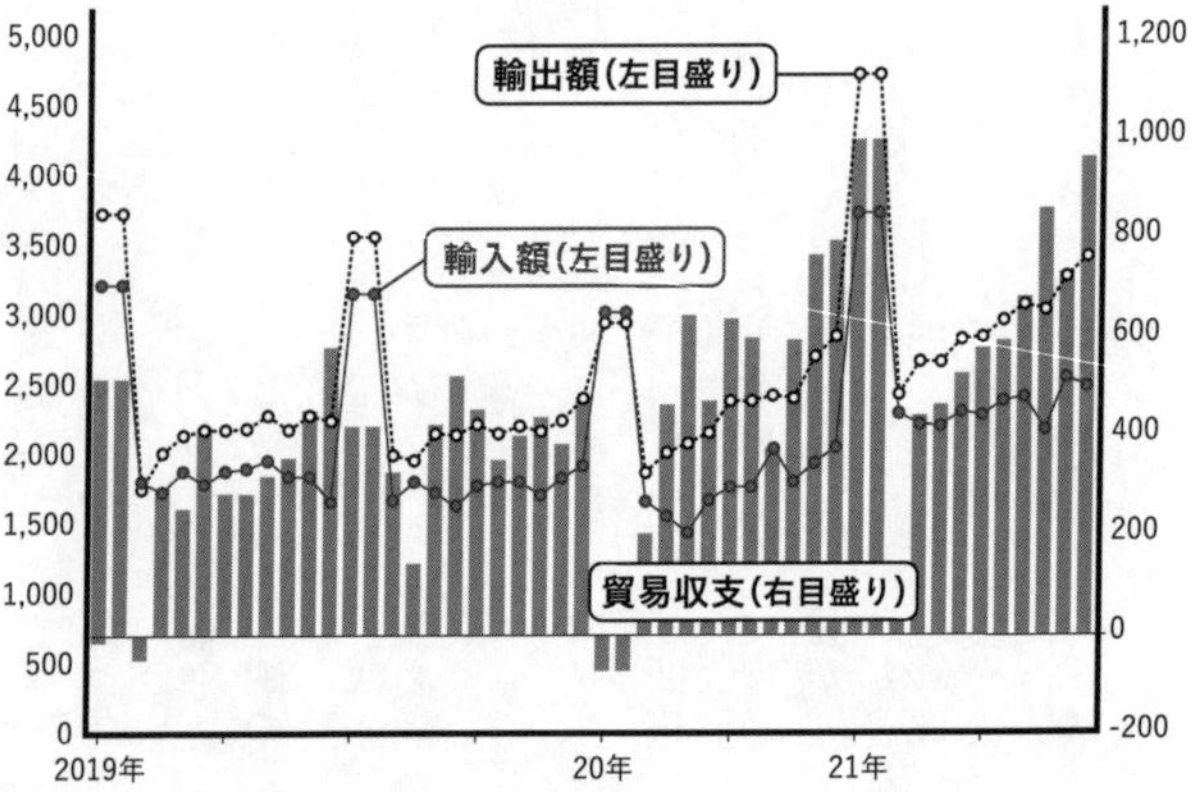

中国国家統計局資料より

筆者はその話を聞いて、「李克強がそう言うなら、その三つの数字は正しいのだろう」と思って調べたところ、それすらも捏造されていた。それも当時、前述の著書で指摘した。要するに、中国の統計局はすべてのデータを捏造できる立場にあるのだ。

捏造されない唯一の統計が「輸出入統計」だった。

輸出入は相手国がある話で、中国は01年に世界貿易機関（ＷＴＯ）に加盟したから、正確な統計を出さないといけなくなった。

だから中国の輸出額は、ほかの国の中国からの輸入額を見ればすべてわかってしまう。反対に、中国の輸入額もほかの国からの中国への輸出額でわかる。ＷＴＯ統計は地域と輸出入額をすべて記すからだ。

一応、中国の輸出入と世界の輸出入を比べてみると、そんなに大きな差はなかった。これは比較的正しいデータだと思う。

輸入動向がわかると消費動向もわかる。海外品を買うと輸入になり、国内品を買うと消費になるからだ。輸入と消費は密接に関係しているので、そこから消費額を推計し、さらにGDPを推計できる。

それが著書で「中国GDPの大ウソ」を明らかにした手法だ。

中国の真実のGDPについては不明だが、データを見ると3割から5割くらいは水増しされている感じを受ける。

ソ連は長期間ごまかしていたから、最後はものすごく実態と数字がずれていた。中国が発展したのは最近のことだから、そのズレはまだ小さいとみられるが、いずれにせよ本当の数字ではないだろう。

中国の闇に隠された本当の失業率

のちのちのしわ寄せが大きく、最も闇に隠れた部分で見えにくいのが失業率だ。

中国の場合、国家が資金を出さなければ、企業の資金繰りが破綻して倒産する。そうして失業が起こるが、中国には失業率の正確なデータがないから、その部分が闇に隠れてしまうのだ。

第4章で詳しく解説するが、失業のメカニズムについては「フィリップス関係（曲線）」で説明がつく。

これは縦軸に失業率、横軸に物価上昇率（インフレ率）をとった曲線だ。銀行をつぶさないよう国がお金を供給するとインフレになるが、そのときは失業率が下がる。

おそらくインフレ率のほうが一般国民には見えやすいから、中国政府としてはあまりお金を供給せず、インフレ率を抑えようとするだろう。すると失業率は上がってしまうのだが、中国の統計ではそれがどうなるのか全く予測がつかない。

どのようにしわ寄せがくるのかはわかりにくいが、少なくとも一般国民が犠牲になり、若年層が就職できないという事態になるだろう。

フィリップス関係（曲線）はどの国でもだいたい当てはまるから、どんなに統計をごまかしたところで抗えない。

失業統計について、中国政府は「最近整理した」といっているが、調べてみるととても

オークンの法則

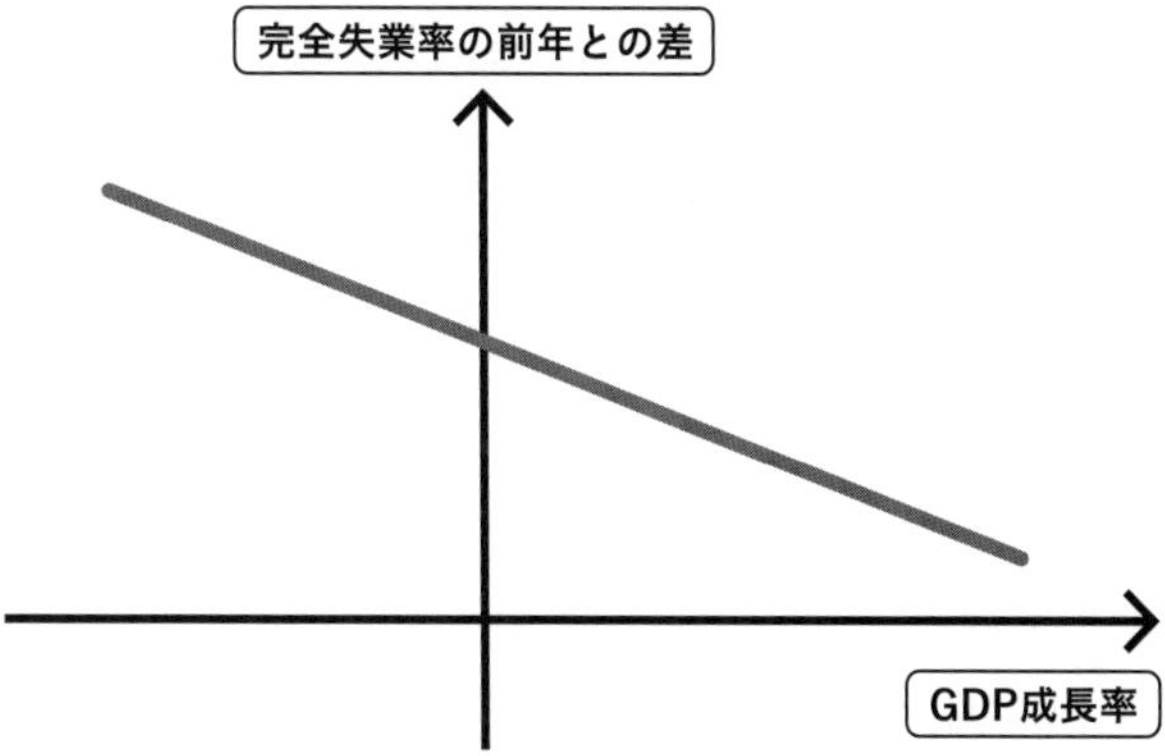

編集部で作成

統計と呼べる代物ではない。制度としては数年前に欧米と似たものにしたが、それをもってしても検証に値する統計ではない。少しサンプル調査したものと変わらないレベルだ。

なぜ失業率の正確なデータをとる必要があるかといえば、これも経済原則だが、経済成長率との関係に「オークンの法則」というものがあるからだ。

これは簡単にいうと、完全失業率の前年との差が大きくなるほど経済成長率は下がり、その差が小さくなるほど経済成長率は上がるという逆相関の関係を示す法則だ。

そのオークンの法則をもとに失業率のデータをちゃんととっていれば、それで経済成長率を計算することができる。

だが、中国の場合、GDPは秘中の秘で外には出さないようにしている。だから失業率もあえて整理していないのだろう。

経済成長率につながるデータは、だいたい隠されているとしか思えない。習近平体制になってそれをずっと続けているから、成長率についての議論はできないし、筆者にも実態は正直なところ、わからない。

それでも輸入から推計するに、成長率は世間でいわれているほど伸びておらず、実際はもっと低いはずだ。

どんな独裁国家であっても経済の原理原則からは逃れられない。

1万ドルの水準を超えられない「中所得国の罠」

コロナ禍の前、中国人は日本で爆買いしていたから、富裕層が多いというイメージもあるだろう。

しかし、いま中国は「中所得国の罠」にぶち当たろうとしており、バブル経済がいつまで続くか不透明な状況だ。

中所得国の罠とは開発経済学による概念だが、それについて解説していこう。

中所得国の罠　単位：％（左）、ドル（下）

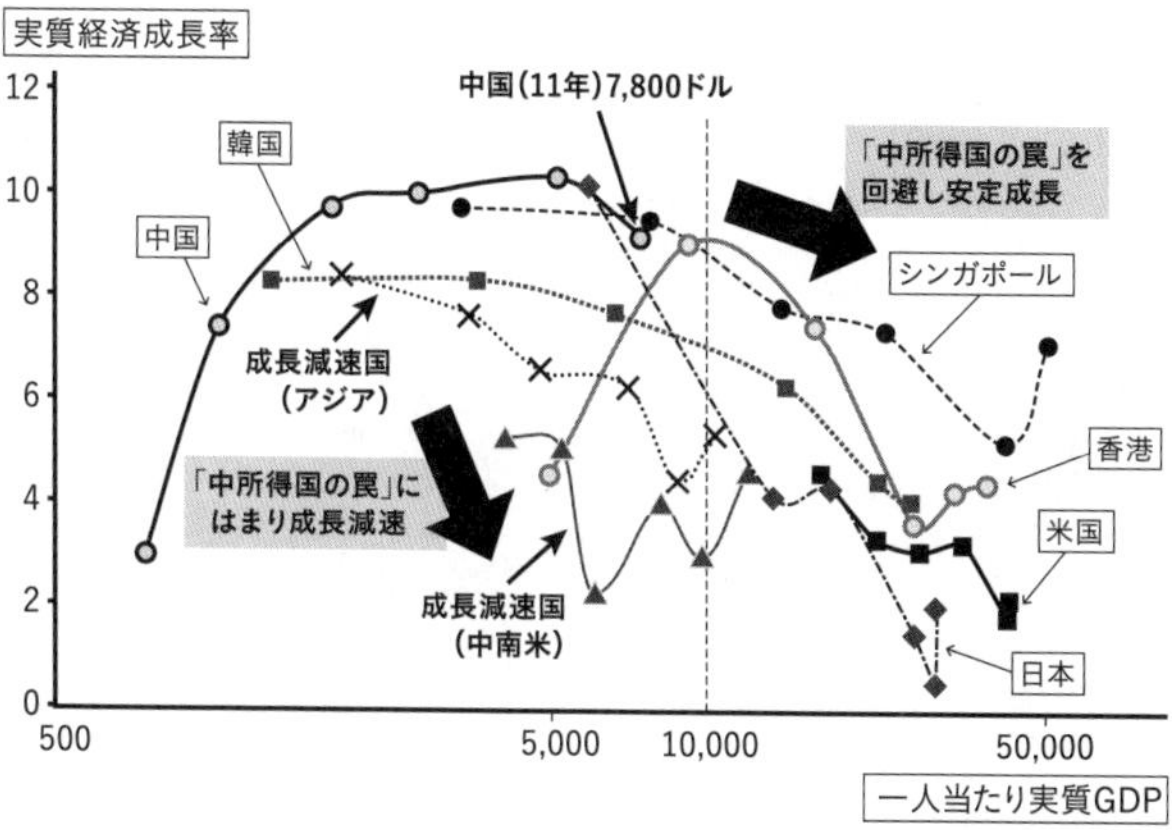

内閣府資料より

どの国も、国民一人当たりGDPはだいたい1万ドルくらいまではいく。中国は19年の時点で約1万ドルだった。

だが、1万ドルに達すると、なかなかそこから上にはいけず、天井にぶち当たる。それが罠といわれるゆえんだ。この法則に当てはまる国は非常に多い。

なぜそうなるのか。その水準を超えるに当たって、社会的な構造改革をしないとうまくいかないからだ。産油国でもない限り、民主主義体制でないと一人当たりGDPは1万ドルを超えない。

実際、この「1万ドルの水準」に直面して跳ね返された国は多い。逆にいえば、その水準を突き抜けた国はほとんどなく、韓国とサウジアラビアくらいしかない。

サウジアラビアは資源があるからだろうし、韓国は社会の仕組みが自由主義だったからといわれている。一方で、ロシア、アルゼンチン、トルコ、ブラジルなどはみな1万ドルの天井に跳ね返された。

日本の場合、戦後の高度成長時に天井を突き抜けている。勤勉な国民性など、普通の経済テキストに書かれているような、そのための条件を満たしていたからだ。

一瞬だけ水準を超える国はいくつかあるが、20~30年にわたって1万ドルの水準を超え続ける国は、実はほとんどない。

中国がたまたま好調だったのはちょうど1万ドルだったからで、これから10年後を考えたときに、いままでのように順調に成長するかは不透明だ。

経済成長しているとバブルは起こりやすいが、中国の場合はその際の統計数字をごまかすことができる。

日本でも昔、高度成長の最後にバブルが起こったが、当時は不良債権なんて存在しないとみんなが口を揃えていた。

中国では不良資産があるかどうかを認定できるのは政府だけだから、いくらでもごまかすことは可能だ。経済成長の負の側面であるバブルを隠したり、ごまかしたりすることも容易だ。

その結果、のちに明らかになるのは、バブルがはじけたら失業者が増えるという事実だ。

いずれにせよ、中国では人件費が上昇し、進出するメリットがなくなってきたため、ベトナムなど別の国に拠点を移す外資系企業も増えてきた。だから中国はこれから1万ドルの水準を突き抜けるのが大変だ。

とくに共産党の一党独裁で構造改革が起こりにくいから、これ以上の成長は難しい。

中国経済を見るときには、この「中所得国の罠」が一つのキーワードになることを覚えておこう。

これから5～10年後くらいには、中所得国の罠にはまった中国が見られるかもしれない。

「民主主義指数」が低いと経済成長率も低い

「民主主義指数」というものがある。

これは、イギリスのエコノミスト誌傘下の調査機関、エコノミスト・インテリジェンス・ユニットが世界167の国・地域を対象に毎年発表している指数だ。

民主主義指数と一人当たりGDP

単位：ドル(左)、ポイント(下)

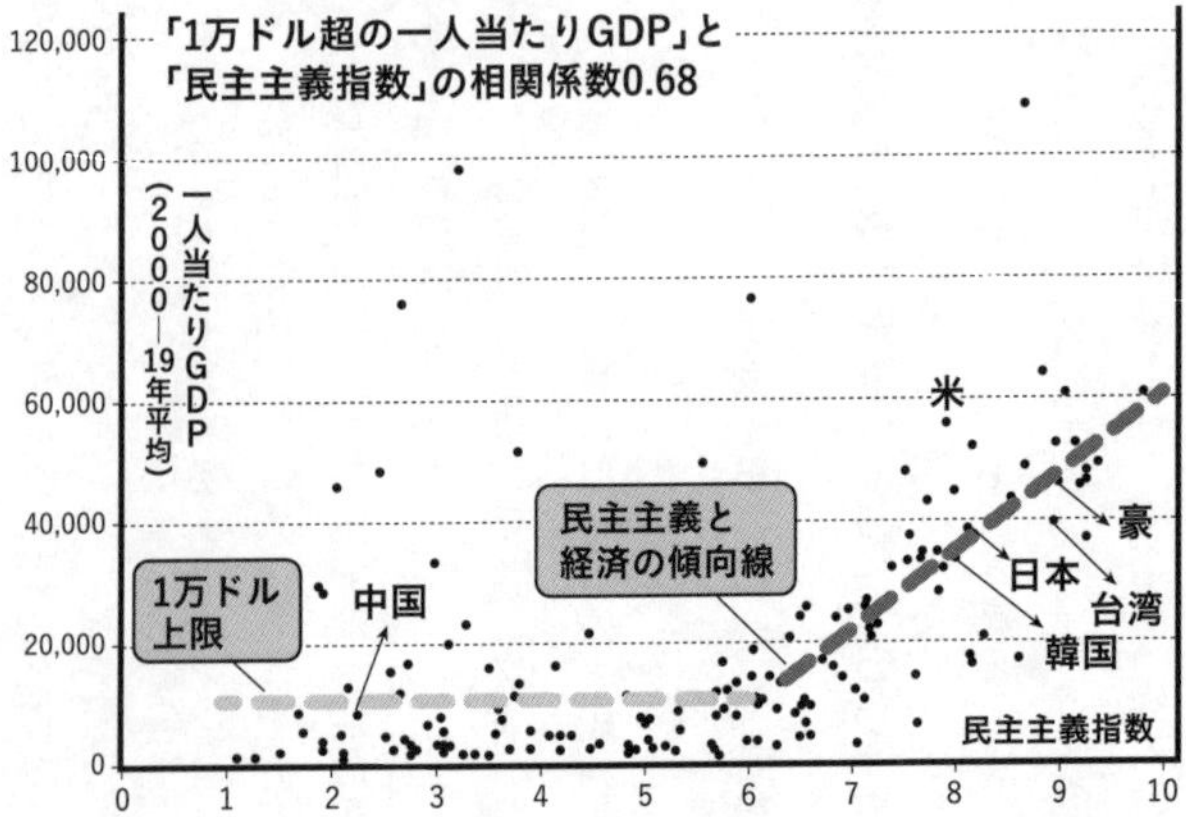

筆者が作成

各国の政治の民主主義のレベルを「選挙過程と多元性」「政治機能」「政治参加」「政治文化」「人権擁護」という五つの分野で評価してポイントをつけ、「完全な民主主義（Full democracies）」、「欠陥のある民主主義（Flawed democracies）」、「混合政治体制（Hybrid regimes）」、「独裁政治体制（Authoritarian regimes）」の４レベルに分類している。

この民主主義指数と一人当たりＧＤＰには相関関係がある。

グラフを見ると、民主主義指数が６を超えるとＧＤＰが右上がりになる。逆に６より小さくなると一人当たりＧＤＰは１万ドルあたりで止まりそうだというのもわかる。

つまり、指数が6より小さい非民主主義国では経済成長と民主主義が無相関で、6より大きい民主主義国では経済成長と民主主義が正の相関にある。

したがって、民主主義でないと経済成長しないという推察が可能だ。ちなみにこれは、経済成長すれば民主化するという意味ではない。

グラフの上部にあるドットは産油国だ。ここは例外で、原油という金のスプーンがあるからGDPが高い。産油国以外は民主主義が経済成長に関係するといえる。

これは米国の経済学者ミルトン・フリードマンが、60年ほど前に述べた「経済活動には自由が必要だ」というところに帰結する。

その一つに資本移動の自由がある。自由がないと資金調達コストが高くなり、イノベーションが起こらないといったデメリットがある。

民主主義指数が低いというのは、つまり共産圏のことを指しているが、自由がないからイノベーションは起こらないし、資金調達コストと金利が高くなることも含まれている。

筆者もこれは20年ほど前から研究していて、中国がこれからどうなるのか関心がある。中国は習近平政権の3期目に入って、悪いことがいろいろと出てきているから、この理論の妥当性がますます高まっている。

統計が当てにならない共産主義国の分析をするには、オークンの法則などの経済理論を使う。

出てきた数字だけを見て議論しても、肝心の数字がほとんどインチキなのだから意味がない。だったら誰も否定できない経済原理を使って議論すればいいのだ。

筆者は中国政府に呼ばれたとき、「経済原理には逆らえない」と先方に伝えたことがある。さすがに米国で大学院までいき、英語も話せるような中国人だったからそれを否定しなかったが、「中国には中国のやり方がある」と返された。

独裁体制だから、その人にいろいろアドバイスしても意味がないと思ったし、中国政府関係者が筆者の意見に同調するのもまずいだろう。

ちなみに、「政治と経済は別物だ」と主張する人もいるが、結局のところ経済は政治の影響を受けざるを得ない。

たとえば、21年に米国はウイグルからの製品輸入をすべてやめてしまった。こうなると綿だけでなく、そこで作られたほかのものまで輸出できなくなって、ウイグルの経済に大打撃を与える。

こういうとき経済安全保障の話が最初に出てくるが、安全保障で敵対していれば通商にも影響を与える。戦略物資や技術の供与が禁止されるからだ。国家体制が違えば、安全保障の面でも対立しやすくなる。

これは米ソ冷戦の時代から同じだ。安全保障の話を忘れると、政治と経済が一体に見えるかもしれない。

だが、ひとたび安全保障の話が出れば経済はそちらにくっつくからデカップリング（分離）し、その勢いが増した結果、いまの米国のように人権の話が出てくる。

00年以降、中国はウイグルと南シナ海、香港まで進出したが、残るは台湾と尖閣諸島だ。これらは海洋進出するための欠かせないパーツだから、安全保障面でバッティングする。

だから日米と中国では、経済と政治のデカップリングが進むだろう。

「国際金融のトリレンマ」に見る中国のジレンマ

14年、中国はアジアインフラ投資銀行（ＡＩＩＢ）を設立した。

中国の目的は、ＡＩＩＢ経由で資金を発展途上国に供給して、安い資金調達で経済成長させることで、南アジアからアフリカの東海岸までに通じる海上ルートを押さえるという「一帯一路政策」にある。

先日の共産党大会でも、この政策は順調に進んでいると主張していた。

この背景については「国際金融のトリレンマ」というもので説明できる。「自由な資本移動」「固定相場制」「独立した金融政策」は、どの国も三つともすべてほしいものだが、国際金融政策においてこれらは同時に実現できない。それが国際金融のトリレンマだ。

普通の国なら、だいたい自由な資本移動と独立した金融政策を獲得している。自由な資本移動をすると資本取引が盛んになり、その上で独自の金融政策をすれば為替も動くため、固定相場制にはならない。だから三つ同時には実現できない。

だが、自由な資本移動と独立した金融政策の二つがあれば、いつでも一番安い資本を入手して国内雇用を確保することができる。そのため、普通の国ならその二つを確保することに重点を置く。

では中国はどうなっているのか。これは国際金融のトリレンマだけではなく、共産主義という国家体制も関係してくる。

自由な資本移動は先進国、民主主義国家ではだいたいなされているが、これは端的にいうと国内企業や国土への投資を認めるということだ。そういう国家では企業や土地の売買が自由にできるようになる。

しかし、共産主義国家は生産手段の国有化というのが大原則としてある。これはマルクスやレーニンの思想からきているため、理屈抜きで守るべきものとされている。

生産手段というのは土地と企業のことを指す。中国はこれらを国有化しているから、建前上は外資が土地や企業を買うことができない。

なぜなら、それをしてしまったら共産主義ではなくなるし、生産手段の国有化をベースに国家運営の理論体系ができているから、国民に示しがつかなくなる。だから中国では自由な資本移動は無理なのだ。

そうなると、選べるのは固定相場制と独立した金融政策だけになってしまう。それがトリレンマから出てくる共産主義体制の帰結だ。それがいいか悪いかはともかく、最初からそういう目標で固定相場制と独立した金融政策しか選びようがない。

そういう意味で、中国がメジャー出資しているＡＩＩＢからは安く資金調達ができない。ＡＩＩＢの致命的な欠陥はここにある。

ほかの国際機関だと自由な資本移動がある。たとえば、66年設立のアジア・太平洋地域を対象とする国際開発金融機関、アジア開発銀行（ＡＤＢ）のバックには日米がいる。両国には自由な資本移動があるから、世界でも最も低コストで資金調達ができる。したがって、発展途上国はＡＤＢを通じて、低金利の融資などを受けて、そのお金を自国の開発に回すことができるのだ。

しかし、中国は資本取引を規制しているからそうはならない。これは共産主義ならどの国も同じだ。中国がバックのＡＩＩＢは、かなり割高の資金調達になる。

そういうメカニズムがあるから、筆者は当時の安倍首相に「中国は日本にもＡＩＩＢに参加してほしいと必ず要望してくる」と伝えていた。米国は無理にしても、日本さえ巻き込んで参加させれば、資金調達が最も低コストになる可能性が出てくるからだ。

そのため、さらに筆者は「ＡＩＩＢは人民元で貸し出すから、それをしてしまうと日本としては敵に塩を送るような結果になる。だから絶対に出資に加わってはダメだ」とも伝えた。そうしたら、安倍首相は「民間は関与するけど政府は関与しない」というぎりぎりのところで踏みとどまった。

結果的に米国も参加せず、ヨーロッパではイタリアが少し参加したが、メジャーな出資国ではないし、あの程度では調達コストは全く低くならない。

ＡＩＩＢは中国の割高なコストで資金調達して途上国に貸し出すから、どうしても高金利になってしまう。高金利でお金を借りた途上国は、にっちもさっちもいかなくなって変なプロジェクトを押しつけられる始末になる。

麻生太郎副総理が暗に「サラ金」だと揶揄したのは全くその通りだ。

当時、日本のマスコミは「バスに乗り遅れるな」といっていた。もちろん筆者は「こんなボロバスはどこにいくかわからないから乗らないほうがいい」と訴えていたことは言うまでもない。

人民元が基軸通貨になれない理由

「中国人民元、12月の決済シェア４位　６年４カ月ぶりに円抜く」

こんな記事が22年１月の日経新聞に載った。その内容は、人民元とは対照的に日本円の地位が低下しているという論調だった。

では、この報道の真偽を検証していこう。

国際決済シェアの近年の傾向は約４割がドルで、３割弱がユーロ、あとは英ポンドとなり、１～３位はいつも変わらない。４位を日本円と人民元が争って、だいたい日本円が４位につけているという状況だった。

15年８月に日本円と人民元の順位が一度はひっくり返ったが、その後は日本円が上だっ

日本円と人民元の世界決済シェア 単位：%

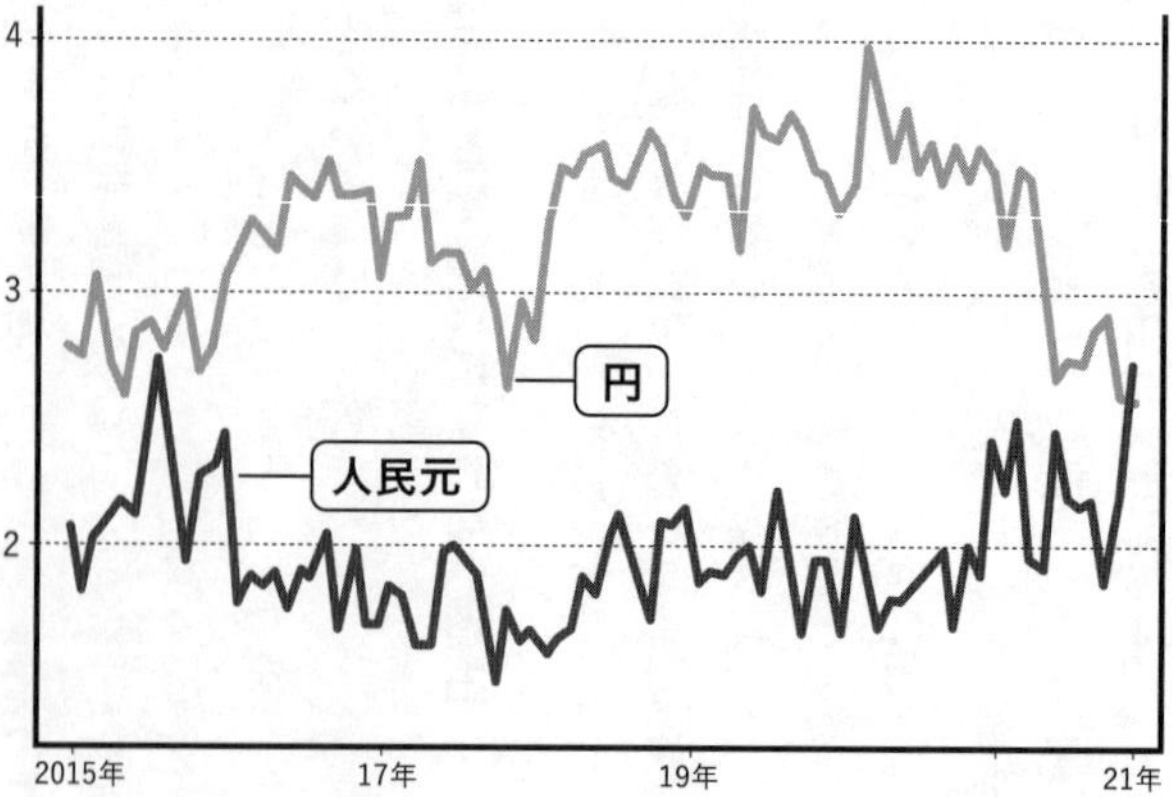

SWIFT資料より

た。それが6年4カ月ぶりに、人民元が再び日本円を抜いたという話だ。

決済シェアは毎月変わり、その度報告されているが、これは経済力や貿易量などに依存する。貿易量が多くなれば当然、一定割合はその国の通貨建てになることもある。日本の貿易量が世界シェアのなかで大きくなれば、それなりに円の決済シェアも大きくなる。

ただ、日本円でもらっても、よそで使うためにどうせドルに替えないといけないから、最初からドル建てにしている国が多い。ときどき円決済などの例もあるから、そういうのが積み重なってシェアが上がっていく。

だから当然、国際決済シェアはドルが圧倒的に大きい。どういう通貨のシェアが高いかは貿易量に依存するし、それで長期的な傾向が決まってくる。

中国の貿易量はかなり多いはずだが、それにしてはシェアが低い。

その理由として、人民元ははっきりいって使い勝手が悪いから、ほとんどドル決済されているという事情がある。人民元でもらっても、それをまたどこかで使うときに相手から断られたら困るからだ。

その点、ドルでもらっていれば、よそでも容易に使えて利便性が高い。

そもそも日本円と人民元はどちらもシェアが低くて２～３％台だ。その低い数字のなかでこういう話があったということにすぎない。

人民元が日本円を上回ったからといって、英ポンドの順位をひっくり返すまでにはまずいかない。

シェアは長期的には貿易量に依存するが、短期的には通貨が高くなっているか安くなっているかによって変わる。そのときの通貨の価値が高ければ、通常より少ないお金で決済できることになり、差益が出るからだ。

この報道が出た当時は、人民元が上がりめだった。といっても、中国がコントロールしているからそこまで高くはならないが、どちらかというと日本円が安めだった。

つまり短期的にみると、日本円よりも人民元のほうがより使われやすくなっていた。そういうミクロの話なのだが、では国際通貨で人民元が日本円の地位を追い抜いたかというと、それは全く違う。

国際決済シェアが逆転したのは、近年で数回のことだし、長期的に人民元が日本円よりも使われ続けるとも思えない。

むしろ、人民元は貿易量が多い割にあまり使われていない通貨ともいえる。世界中が人民元を当てにしていないことの表れだし、取引でヘタに人民元を渡されても、受けとったほうは困ってしまうというのが現状だ。

昔はユーロがなく、日本円が強いときには一時ポンドを抜いたこともあったが、ユーロができて圧倒的に強くなったことで全く敵わなくなった。

EUの域内は国際貿易となり、すべてユーロで決済されているから、圧倒的にユーロが有利だ。というより、EUはユーロしか使わない。

アジアでの決済でユーロを使うことはまずないから、ユーロを上回れるのはドルしかない。言い換えれば、ドル以外は国際通貨ではなく、ローカルカレンシー（流動性がほとんどなく他国の通貨と自由に交換できない通貨）ということだ。

だからドルでの決済を止めたら、大変なことになる。米国の最後の手段はそれで、何らかの制裁措置をするときに「ドルでの取引を止める」というのが一番強い。ドル取引を止められたら、ほとんどの企業がアウトになる。

中国は「人民元を基軸通貨にしたい」という野望はあるだろうが、基軸通貨というのはいろんな要因で決まってくる。

それにほとんどの国は、デジタル人民元みたいなかたちで、財布の中身をすべてのぞくような国の通貨では取引したがらないだろう。

ちなみに国際決済シェアが上がっても、特段のメリットはない。シェアの上下は貿易量や為替の結果にしかすぎないからだ。

こういうことで「中国がすごくなった」と書くのは日経新聞のオハコだが、そういう論調に惑わされてはいけない。

米国の輸出規制で中国は最先端半導体が作れない

22年12月、半導体の輸出規制を敷く米国に対して、中国がＷＴＯに提訴したという報道がなされた。

「提訴」という部分だけをみて考察すると、問題の本質がぼやけてしまうから、全体を広く捉えながらその背景を理解してみよう。

まず半導体とは、スマートフォンやパソコン、家電などいろいろなものに使われているチップのことだ。

半導体は簡単に作れないため、専用の製造装置が必要だが、その製造装置を作る企業は有数であり、世界でもだいたい5社に限定される。

21年の半導体製造装置企業の市場シェアを見ると、アプライドマテリアルズ（米国）、ASML（オランダ）、東京エレクトロン（日本）、ラムリサーチ（米国）、KLA（米国）の上位5社が8割以上を占めている。

半導体は、回路をつなぐ配線をできるだけ細くして、それを写真ほどの薄さにする。だから、昔の写真の光学機器の老舗が、半導体製造装置を手がけているケースが多い。

それで日本のメーカーも残っているわけだが、当然このなかに中国は入っていない。つまり中国からしてみれば、半導体を製造するうえで米国、オランダ、日本を押さえるのがポイントになる。

米国は普通の半導体製造装置については規制していないが、回路の配線がものすごく細

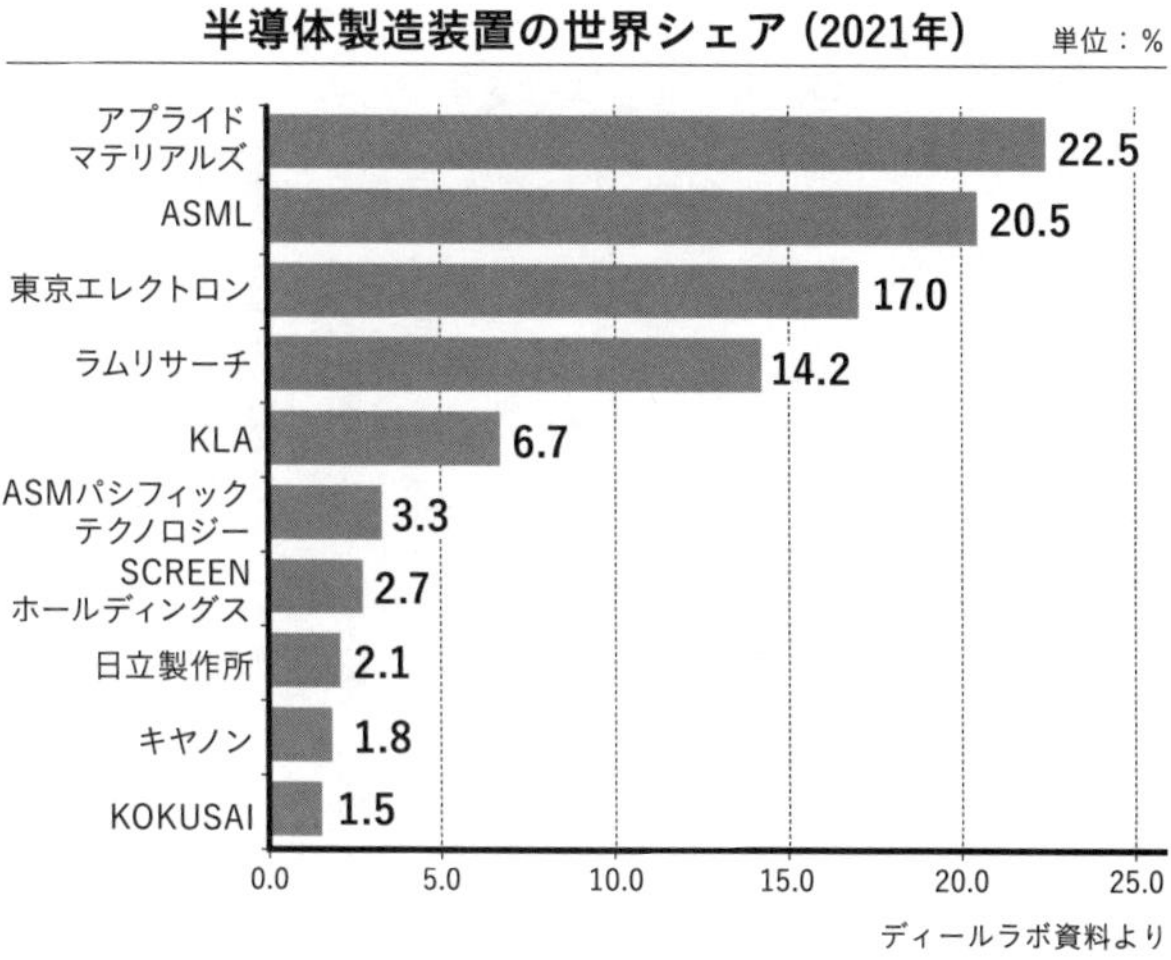

い最先端半導体製造装置のメーカーに対しては、「中国に売ってはダメ」と輸出規制をしている。

中国はこの輸出規制が嫌で、ＷＴＯに提訴したという流れだ。

ＷＴＯには多くの国が加盟していて、貿易のルールなどもそこで処理されているが、大きな原則に「安全保障に関わる話はしない」というのがある。なぜなら、安全保障に関わる話はそれぞれの国がやるべきことだからだ。

そこへいくと、半導体は軍事技術のかたまりだ。もし米国が最先端半導体製造装置を規制しなかったら、軍事技術が中国に流れ、非常にまずいことになってしまう。

だから米国は「輸出規制には正当性があり、ＷＴＯは安全保障に関わる話をする場ではない」と主張している。

ＷＴＯには紛争処理機関があり、日本でいうところの地方裁判所と最高裁判所のように二つに分かれている。

ここの処理の仕方がいつもあまりにも中国寄りだから、先進国は3年ほど前から最高裁に当たる上部機関には委員を出していない。委員を出してしまうと、中国が圧力をかけたりして変な裁定の結果ばかり出てくるからだ。

ＷＴＯでの採決では、中国の息がかかった国でも1票にカウントされてしまう。中国はいずれＷＴＯを乗っ取る意図があるのかもしれない。

もしそうなったら、先進国はＷＴＯを抜けて新しい国際機関を立ち上げるだろう。現状では安全保障に関わる話も議論できないし、紛争処理機関にも人がいないから処理できない。もはやＷＴＯがまともに機能していないのは明らかだ。

日本のマスコミはこうした深読みもせず、「中国が米国をＷＴＯに提訴したが、それに米国が応じないのはけしからん」という論調を張るだろう。

だが、この件についてはいまのところ、ＷＴＯが中国に有利な裁定を出す可能性は低い。

なぜなら、世界は米国の輸出規制を支持する方向になっているからだ。

先ほどの装置メーカーのシェアを見ると、オランダと日本の企業が4割近くを占めており、カギを握っていることがわかる。だから米国は輸出規制を一緒にやろうと、この2カ国に持ちかけて、23年1月、両国ともそれに合意したと報じられた。

もちろん、いまの中国に最先端半導体を製造する技術はない。

円安下で「海外ビジネス投資支援室」新設は愚行

中国のカントリーリスクは計り知れない。

今後もウイグルの人権問題などで、中国に工場を持つ企業が痛い目に遭う事例が増えてくる可能性もある。

では、昨今の円安傾向によって、生産拠点の国内回帰が進むかといえば、これもなかなか難しい。もしそういう事例があったとしてもレアケースにすぎない。

企業にしてみれば、長期計画に基づいて本社や工場をどこにつくるかという話だから、決定してもすぐ実行に移せるわけではない。

円安が定着するかどうかも考慮しなければならず、一時的に円安になったからといってすぐに意思決定はできないだろう。

国内回帰する際に困ることの一つが電気料金の高さだ。企業が工場をつくるときは必ず電気料金を気にする。生産拠点を国内回帰させようと思っても、日本は電気料金が高いから、そういう点も含めて考える必要がある。

一応、国としても「サプライチェーン対策のための国内投資促進事業費補助金」をはじめ、国内回帰のための補助金も7000億円くらいは出しているが、それでは足りない。

そんな状況下で政府は22年8月、国内の中小・中堅企業の海外進出を支援する「海外ビジネス投資支援室」を内閣官房に設置した。

これはとんでもないことで、本来やるべきことは真逆だ。円安のいまだからこそ、国内回帰をどんどん進めるために「国内復帰推進ビジネス室」でもつくったほうがいい。こういうことをするのは政府のセンスのなさを感じてしまう。

誰がこれを考えたのかはわからないが、財務省の入れ知恵だろう。本来、これは経産省の仕事だが、この手の話は中小企業庁が担当しているからバッティングしてしまう。だから財務省にポストを与えて、官邸につくらせたのかもしれない。

もし筆者なら、絶対に逆のことをする。そのほうが景気回復するし、雇用面からみても工場は海外ではなく国内につくったほうがはるかにいいからだ。

とにかく、いまは猛烈に円安にしておいて、企業が国内に帰ってこざるを得ない状況にすればいい。

金利を上げればロシアの悪例の二の舞いになる

ここまでは中国を中心に話を進めてきたが、ほかの海外の悪例から学ぶことも大切だ。本章の最後に、ロシアについてみよう。

「悪い円安論」を唱える人は、だいたい金利を上げろという。これは素人意見で、本当に為替を語りたいなら経済の原理原則をきちんと知るべきだ。

たとえば変動相場制を採用している国なら、「為替の動きについて対応してはいけない」というのが原則としてある。それを忘れて焦ったあげく、間違った判断を下してしまったのがロシア中央銀行だった。

22年2月、ロシア中央銀行は政策金利を9・5％から倍以上の20％まで引き上げた。その背景にはウクライナへの軍事侵攻がある。欧米諸国から経済制裁を受けて、ロシア通貨のルーブルが2月末には1ドル約115ルーブル前後まで急落した。

ロシアの主要政策金利の推移

単位：%

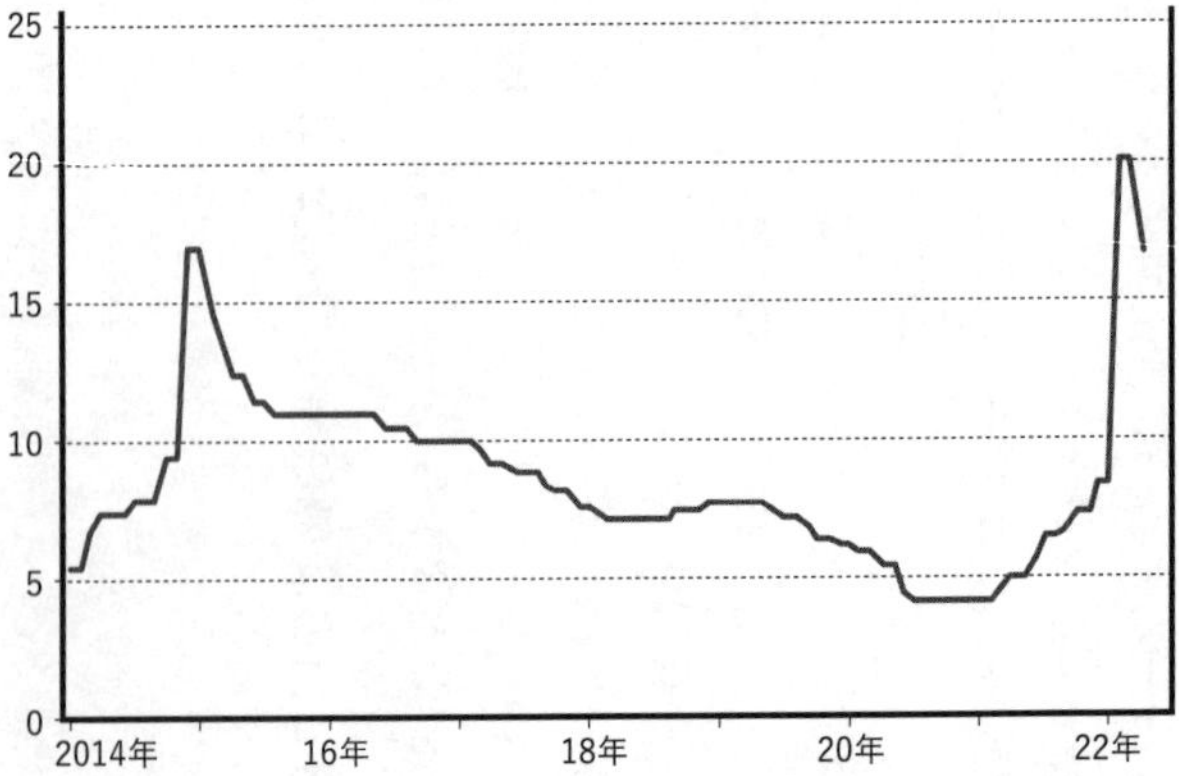

ロシア中央銀行資料より

ロシアルーブルの対ドル相場の推移（2022年）

単位：ルーブル

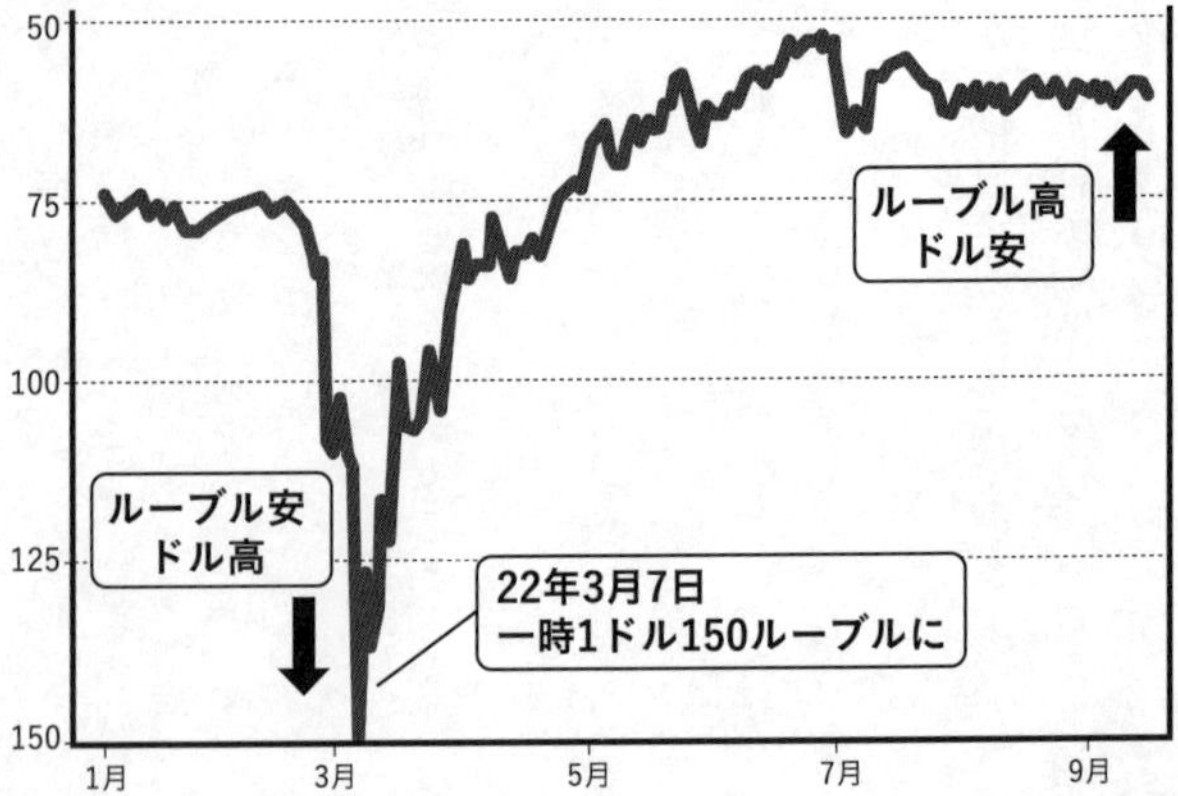

編集部で作成

ルーブルが下落したときに国内金利を上げると、ルーブルが一見高くなるように見えるが、それによって経済がさらに悪くなる。その結果、３月には一時１ドル１５０ルーブルまでさらに急落し、最安値を更新した。

この政策は最も初歩的な過ちの典型だった。本来、２月の時点では何もしないのが正解なのだが、ロシアの金融当局は金利を上げてしまったのだ。

その後、ロシア中央銀行は政策金利を徐々に引き下げ、22年６月に９・５％まで回復。それで為替が戻り、23年２月現在は１ドル69ルーブル前後まで持ち直している。

こうした悪例があるにもかかわらず、日本では為替が少し円安になったからと大騒ぎして、ただちに利上げをすべきだと主張する人が少なくない。

そのほとんどが経済理論を知らない素人なのだが、実はそのバックに財務省の影が見え隠れする。

財務省は「原油価格と原材料費が上昇し、円安になった。円安になると原材料費がさらに上がって、最後はインフレになる」などという理屈で、緊縮政策へ誘導しようとしているのだ。

しかし、日本はなかなかインフレにはならない。単に製造コストが上がるだけで、それを価格に転嫁しきれないのがいまの日本の経済状況である。

たしかにその点で中小企業は大変だが、そこで緊縮財政をしようものなら、経済はたちまち冷え切ってしまう。

ただちにやるべき正しい政策はガソリン減税、消費減税なのだが、財務省にはそれを絶対にしたくない一派がいる。

その一派からレクチャーを受けて、口裏を合わせている金融系エコノミストやマスコミたちが、一斉に「金利を上げろ」との大合唱をしているのだ。

もちろんそれで経済が活性化するわけがない。マクロ経済においては、金利を上げることは経済抑制政策であり、財政出動しないということを意味する。

日本はロシアの悪例の轍を踏んではならない。

第4章　為替と物価のキホンのキ

為替レートはどうやって決まるのか

1ドル150円の円安を記録したということで、マスコミは右往左往してさまざまな報道をしながら「悪い円安論」を展開している。

テレビのコメンテーターのなかには、「円安＝日本の国力低下（円高＝日本の国力上昇）」と説明をしている人もいた。

筆者には意味がわからないが、為替と国力を結びつけるのがマスコミにとっては都合がいいらしい。そうすることで面白い話を作れるからだろう。

悪い円安論にだまされないため、あるいは円安メリットを正しく理解するためにも、為替や物価など経済の基本、効果的な政策について知っておくことが大切だ。

そこでまずは、為替レートの決まり方について解説しよう。

為替とは、ある国の通貨をほかの国の通貨と交換するときの取引価格のことで、交換比率ともいう。マネタリーベースの比率で為替レートは決まるが、それを理解するだけで8割くらいは説明できる。

仮に米ドルのマネタリーベースが1兆ドル、日本円のマネタリーベースが100兆円だ

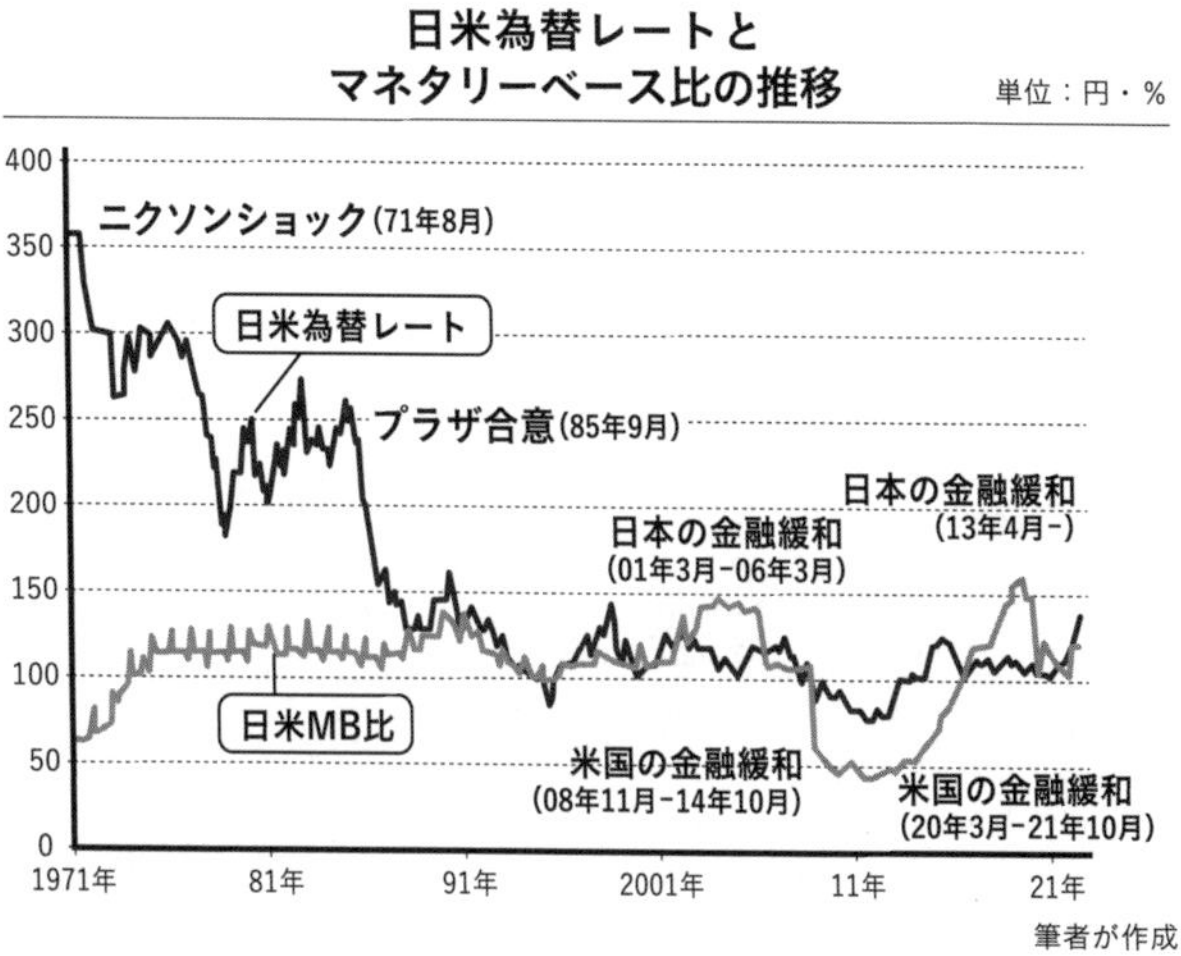

ったとしよう。100兆円を1兆ドルで割り算すると、1ドル100円という交換比率になる。

いまは米国が金融を引き締めている。金融を引き締めるというのは、ドルの量を少なくするという意味だ。

では、仮に0・5兆ドルまで減るとどうなるか。100兆円を0・5兆ドルで割り算すると1ドル200円になる。このとき、円が多くなってドルが少なくなるため、円安ドル高という状態だ。

このように、為替の原理は非常に簡単だ。日米の為替なら、米ドルと日本円の総量の比でレートはおおむねわかる。これはどの国でも同じだ。

この計算方法で具体的な数字を当てはめると、実際どのくらい円安になるかが予測できる。22年12月時点では、日本円のマネタリーベースが約617兆円で、米ドルのマネタリーベースが約5兆ドルだから、ざっくり割り算すると1ドル123円になる。

しかし、米ドルがこれから縮みそうだからというので、日本円は617兆円のまま、米ドルが4・5兆ドルくらいに減ったとすれば、1ドル137円となり、おおむねいまの為替レートと同じになる。

このように米ドルと日本円の数字が将来どうなるかを予測することで、だいたい為替レートはわかるのだ。

ちなみに、これをFXで生かせそうだと思う人がいるかもしれないが、それは自己責任だから筆者はいっさい関知しない。

日本円と米ドルの予想値を出しながら取り組めば、少しはFXを楽しめるかもしれないが、予想を間違えると大損をしてしまう。

いずれにせよ、為替の仕組みを理解していれば、日本円と米ドルの将来予想にだいたい依存するということがすぐにわかる。

こんな簡単な話を、どうしてマスコミはごちゃごちゃ言うのか。この計算では割り算を使うから、ほとんど理解できていないのかもしれない。情けないことに、小学生レベルの割り算すらできない大人は多い。

マスコミには数字で裏打ちせずに、平気な顔で解説している人が多いと思って聞いたほうがいいだろう。

予算の執行率が低ければＧＤＰは上がらない

為替の数字は、定量的かつ客観的だ。

定量的というのは、１ドル何円と数字で明確に決まっていること。客観的というのは、１ドル何円とみんなが同じように答えられることだ。

一方で、国力というのは数字ではっきり決まっているわけではなく、人によって捉え方もさまざまだから、主観的かつ定性的な言葉だ。

客観的かつ定量的な為替を、主観的で定性的な国力と結びつけて説明していては何も理解できない。少なくとも、筆者の頭では全く対応できないのだが、なぜか一緒くたでも平気だと思っている人がいる。

為替レートで国力を論じるのは、とてもではないが筆者は恥ずかしくてできない。しかし、マスコミは平気で論じる。

「円安で日本の国力が低下する」「円安で経済破綻する」などと主張する人は、定量的な議論をせずにふわっとした定性的な議論しかしない。筆者は必ず確率で論じる。というより、「○%の確率で○○な状態になる」と数字にしないと議論できないのだ。

以前、某出版社から「円安で経済破綻する」という定性的な趣旨の本を書いてほしいという依頼もあったが、それはそもそも結論自体が間違っているから断った。序章で述べたように、円安は近隣窮乏化政策だから、自国のGDPが伸びるチャンスだ。

ちなみに円安になると一般的に株価は上がるはずだが、いまの日本ではそうなっていない。なぜなら、いまの岸田政権が変な政策をしているというか、対策はしても補助金系の話が多すぎて、おそらく未執行の予算が多いからだ。

岸田政権は21年末にも対策を打っているが、その後もGDPはあまり上がっていない。補助金系は申請が大変ということもあり、うまくいかないことが多い。当たるときは当たるが、当たらない政策も多く、全体的に執行率がよくない。

いままでのコロナ対策にしても執行率が悪すぎる。補助金系が多いからダメなのであって、海外では執行率を高めるために減税する。そうすれば、すぐに執行率100%になるからだ。

しかし、日本では、減税を嫌う財務省が絶対しないといっているし、むしろ増税しようとすらしている。そういうことが株価にも反映されてしまうのだ。

執行がうまくいかなければ、予算を組んでも意味がない。内閣府は、政府が予算を組んで直接的な支出を行う「真水」によるGDPの押し上げ効果をいつも計算するが、これは執行率100%という前提のもとで計算される。

だが、執行率が下がれば、その分GDPが上がらないのは当たり前だ。円安で全体の企業業績がもう少し上がるはずなのに、なかなかそうはならない。

株価は少し先を見て動く。円安で経済がよくなり、さらに国内で景気対策すると押し上げ効果で上昇していくが、その押し上げのレベルが低いから思ったほど株価も上がっていない。

日本の高度経済成長は「1ドル＝360円」の結果

円が10%安くなると、日本のGDPは3年以内に0・4〜1・2%伸びる一方で、米国やヨーロッパなどはマイナスになる。ドルが10%安くなると、米国だけGDPが0・5〜

各通貨安が自国と他国のGDPに与える影響(3年以内)

単位：%

	日本	米国	ヨーロッパ(ユーロ圏)	非OECD諸国	中国
円10%安	0.4-1.2	▲0.2-0	▲0.2-▲0.1	▲0.1-0	▲0.1-▲0.2
ドル10%安	▲0.3-0	0.5-1.1	▲0.2-▲0.6	▲0.1-0	▲0.3-▲0.6
ユーロ10%安	▲0.2-0	▲0.2-▲0.1	0.7-1.7	0.1-0.3	▲0.1-▲0.2

OECD「The OECD's New Global Model」より

1・1%伸びる。ユーロが10%安くなると、ヨーロッパのGDPが0・7〜1・7%伸びてほかがマイナスになる傾向がある。

これが、通貨安が「近隣窮乏化政策」といわれるゆえんだ。

このデータはOECDの「The OECD's New Global Model」という資料に基づいているが、どんな国で計算しても同じ傾向で、経済成長は国内のエクセレントカンパニーに恩恵を与えるかどうかだけで決まる。

これはIMFなどのデータでも同じだ。かつて、日本の経済企画庁が完成させた世界経済モデルも同じで、これは否定のしようがない。

だから、通貨安になっていたら自国にとっては喜ばしいというのが普通の解釈だが、なぜか日本国内では大変だと騒ぐ人が出てくる。話を繰り返すようだが、日本でも円安で経済がよくなったというのは数字に表れている。

最初に表れるのは企業業績で、21年度の法人企業統計では、経常利益は製造業も非製造業も1961年度以降で過去最高だった。22年4～6月期も同様に好調で、このままいけば法人税収と所得税収がものすごく上がるから、政府としては喜ばしい限りだ。

円安は輸出関連にはプラスだが、輸入関連にはマイナスになる。需給ギャップとコストプッシュがあるから、輸入関連は大変になる。そこは対策が必要だが、税収が上がってあまりあるから、それを輸入関連の企業に少し配れば問題はすぐに解決する。

本当は最終消費者にお金をばらまくなどの恩典を与えれば、コストプッシュと輸入で大変だった分は価格転嫁できるから、そこで吸収できる。このように円安対策はとても簡単で、すぐ実行できてしまう。

円安の仕組みはマネタリーベースでほぼ説明できることは、先述した通りだ。85年9月、先進5カ国（G5）蔵相・中央銀行総裁会議により発表された、為替レート安定化に関する合意（プラザ合意）の前はこれが少し違っていた。

財務省は「71年のニクソンショック以降、変動相場制になった」とウソをついている。

為替競争力と経済成長率の関係

単位：%

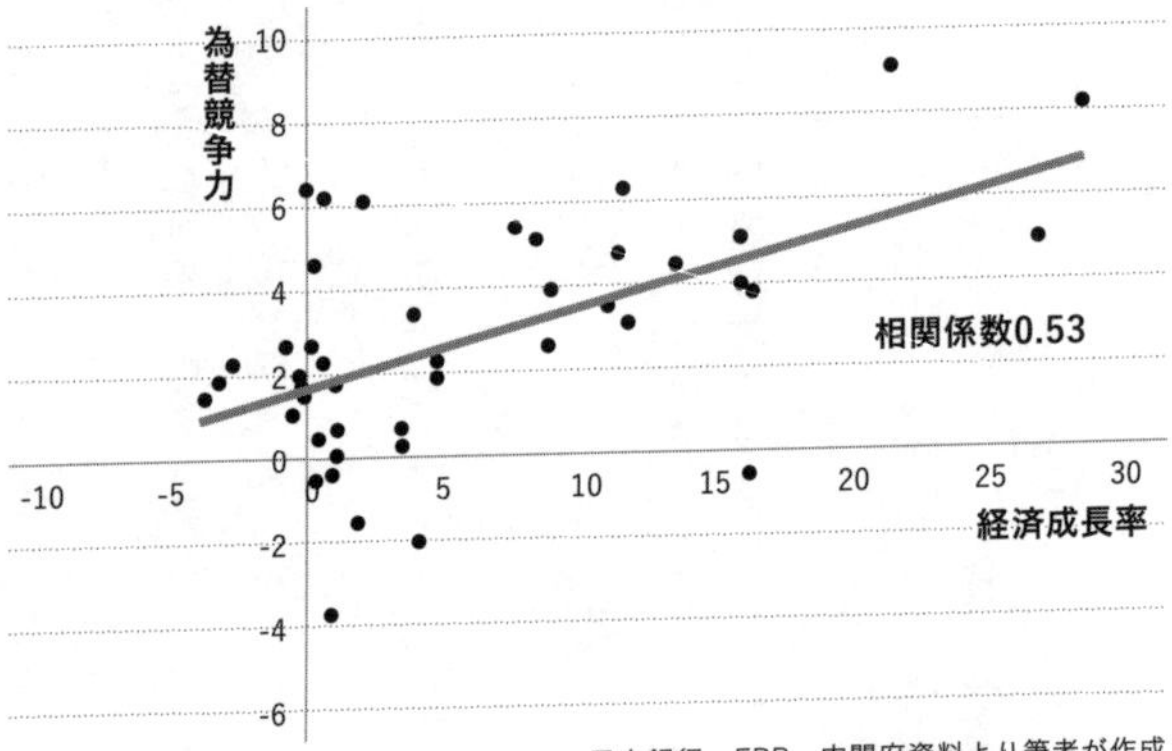

日本銀行、FRB、内閣府資料より筆者が作成

本当に変動相場制になったのはプラザ合意後だ。その後はほとんどマネタリーベースで為替の説明ができる。

それ以前は、国の中央銀行が為替相場の変動を市場の需給に任せず一定管理する「ダーティフロート」があった。当時は資本取引が大きくなかったから、それができていた。だから「１ドル３６０円」という、均衡レートよりはるかに円安に設定されていた。

それがプラザ合意前の日本であり、高度経済成長のエンジンとなった。

これが切れたことで高度経済成長が終わった。人為的に均衡レートより円安に設定していたのが成長の実態だ。「当時の成長の裏には日本の技術力があった」などといった話になりがちだが、実はそうではなく、ただ為替レートで儲けていたというのが真実だ。

ここをみんな勘違いしているが、これだけ為替レートにゲタを履かせていたら、それはラクに稼げるに決まっている。90年代のバブル崩壊以降、なぜ日本経済はダメになったのか、これですべて説明できてしまう。

だから「技術立国」という日本神話など存在しない。割安の為替設定で、一部のエクセレントカンパニーが世界に出て稼いでいたというだけだ。

経済の専門家はそうした事実を否定したがる。それで筆者を批判する人もいるが、誰も論理的に否定できていない。当時はイノベーティブな人が多かったなどと、みんな日本神話を信じたがっている。

以前、安倍首相に「アベノミクスでたくさんお金を刷れば円安に近い状況になる。だからそうしたほうがいい」と話したことがある。

アベノミクスで金融政策をした背景には、表向きは雇用政策だが、裏ではこういう為替の話もあったわけだ。他国から文句が出ない程度の人為的な円安政策ともいえる。

物価と為替はリンクしている。マネタリーベースの比率の話をしたが、米ドルが一定量なら、日本円の量を増やせば分子が増えるから円安になる。

マネタリーベースを増やせばデフレ脱却につながるし、物価も上がりやすくなる。アベノミクスを理論的に説明すれば、そういうことになる。

ある学者は「お金をいくら刷っても解決しない」とアベノミクスを批判していたが、筆者からすれば「高度経済成長はお金をたくさん刷ったから実現していた」という解釈になる。為替の話はお金の量と関わりがあるし、実は金融緩和とすごく密接な関係にある。

それでも「円安は大変だ」というのは、「昔の高度経済成長は円安が要因ではない」という持論の人たちに多い。

対外純資産の大小は経済成長と関係ない

国が海外に保有している「対外資産」から「対外負債」を除いた「対外純資産」が以前より増えているため、日本は円安のメリットが大きくなっている。とはいえ、対外純資産の変動そのものが経済成長に影響を与えるわけではない。

海外株式、海外不動産などの所有権が対外資産で、それを調達する際、海外の金融機関でお金を借りたら対外負債になる。かといって、米国の資産は日本円では買えないから、銀行で円とドルを交換してもらう必要がある。

日本の対外純資産の内訳と推移　単位：兆円

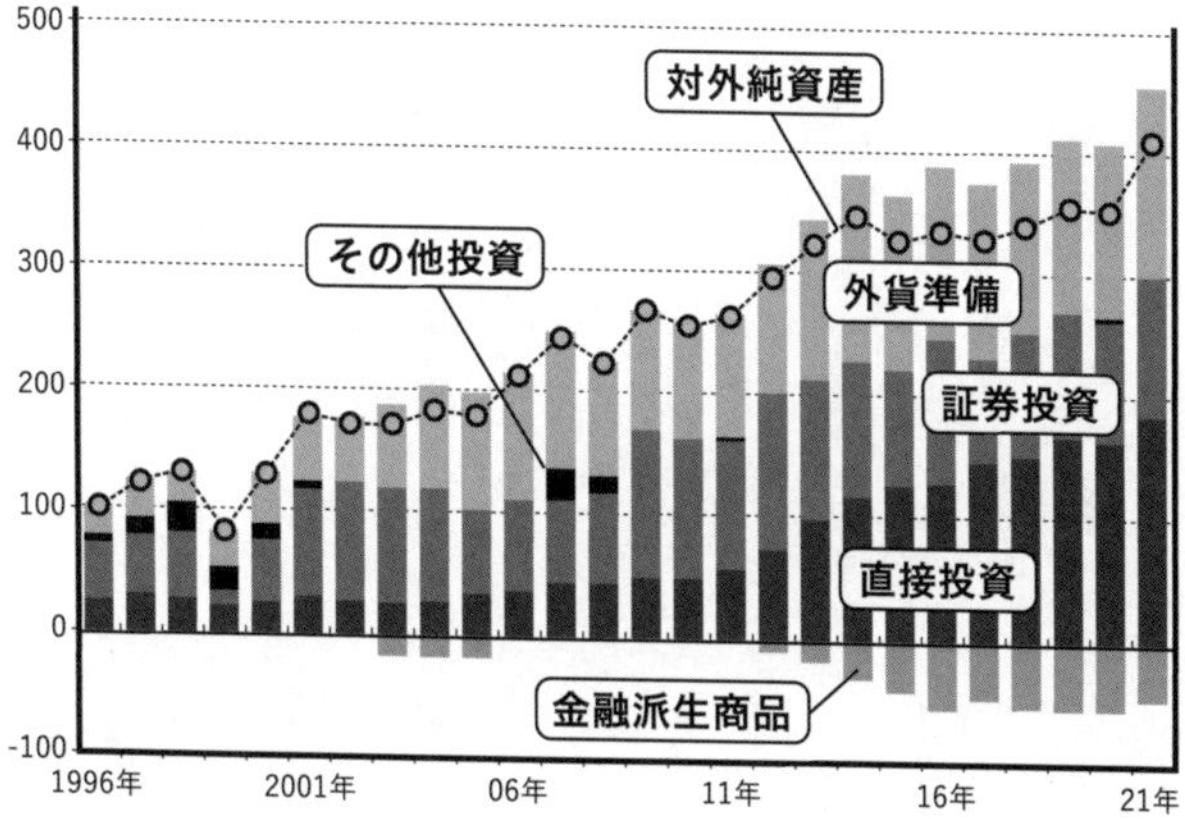

財務省資料より

すると、銀行にドルが集まる。銀行にドルを持ってくる可能性があるのは輸出業者だ。彼らが輸出したときに輸入する側の海外業者からドルをもらう。輸出業者はそのドルを日本では使えないから、銀行に持っていって日本円と交換する。

その結果、銀行にはドルだけが残ってしまう。だからあまったドルは、円と交換してドルをほしがる人に売るわけだ。

そのため、大本のドルは輸出業者からきている。こう考えると、対外資産の大本は「輸出額」からきていることになり、輸出額＝対外資産の純増という関係になる。

そうなると、対外資産はこれまでの輸出額の総計になり、逆に輸入額＝対外負債の純増という関係にもなる。

輸出額から輸入額を引いた額に、運賃・旅行費・外債利子といった「貿易外収支」を加えれば、「経常収支」になる。

したがって、貿易黒字の累計＝対外純資産ということになり、これまでの経常収支の累計にほとんど等しくなる。

つまり輸出業者（日本企業）は、輸入業者（海外企業）からドルという「債権」を受けとるが、その債権の累計は、日本が持つ「対外資産」と言い換えることもできる。それを、ここでは貿易外収支も加えた経常収支の概念で説明しているのだ。

だから概念上、対外純資産は「これまでの貿易の経常収支の累計金額」となる。そのため、経常黒字の話も貿易黒字と置き換えても構わない。両者はそっくりだからだ。

もっとも、貿易収支は経済成長率とは何の関係もない。だから経常収支と経済成長率も無関係だ。となると、対外純資産の大小も、経済成長には何ら影響を与えることもない。

もし、「対外純資産が重要だ」と主張している人がいれば、それは「経常収支が重要だ」といっているのに近い。「貿易赤字は大変だ」と騒ぎ、「貿易黒字はいいことだ」と思い込んでいる人と、ほとんど同じだ。

世界の国のうち、半分は貿易赤字になるのだから、そこに善悪などはなく、輸出＝善、輸入＝悪でもない。

ちなみに、対外資産の政府と民間の持ち分のうち、政府が持っているほうを「外貨準備高」というが、これも経済成長にとってはどうでもいい。対外純資産はもとより、対外資産も対外負債も経済的にはいっさい関係ないからだ。そうした項目の増減を騒ぐ人は、まずもって言葉の定義ができていない。

対外負債については、日本政府は抱えていない。外貨債を出すと対外負債になるが、日本政府はそうしていない。なぜなら、国債で資金調達はできるからだ。

つまり、日本が持っている対外純資産の政府の保有分＝政府の対外資産＝外貨準備高。こう理解すれば、すべてが一本につながる。

「貿易黒字が得」「貿易赤字が損」は誤解

貿易赤字か黒字かというのと経済的な豊かさは、全く関係ない。貿易とは国家間の取引のことをいうが、日本国内でもたとえば都道府県の間で物のやりとりは発生しているから、貿易収支と見立てて計算できる。

経常収支対GDP比と実質GDP成長率の関係 単位：%

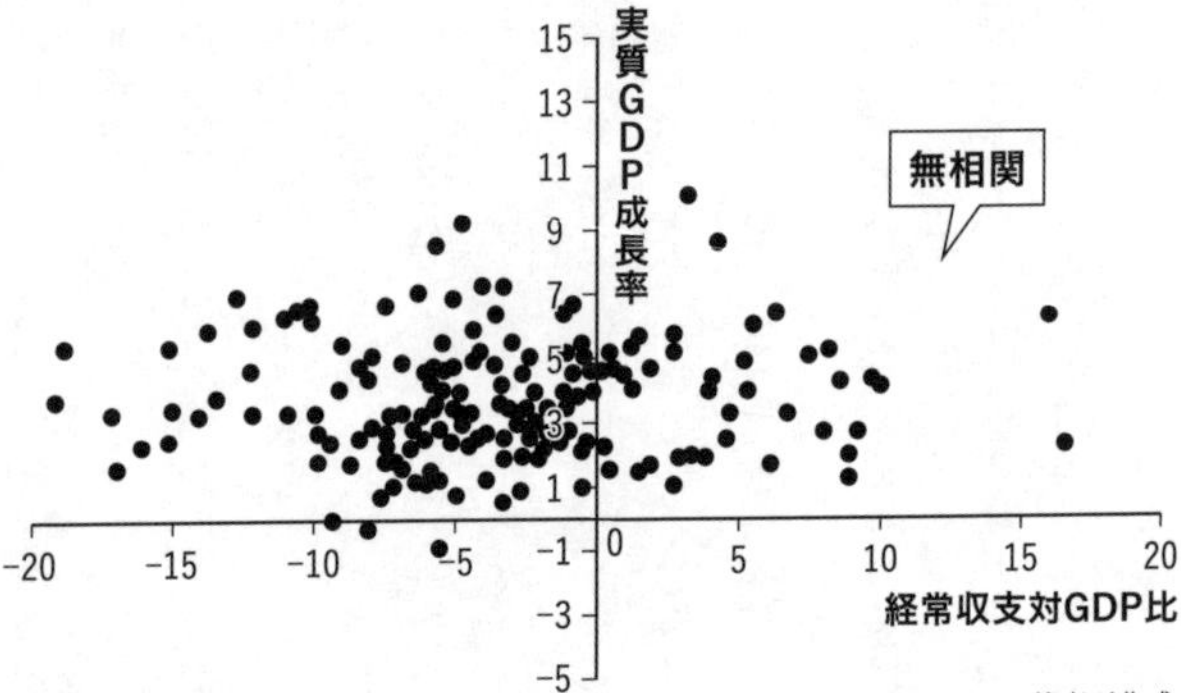

筆者が作成

都道府県のなかで一番赤字なのはどこか。実は東京都だ。東京都では物をたくさん消費している。それだけ全国からたくさん物を移入しているので、赤字になるのだ。

それで何か困ったことがあるかというと、全くない。赤字で東京都はお金が不足しているかというと、そんなことはない。

これは世界でも同じで、ずっと貿易赤字が続いている国は結構多い。たとえばデンマークやオーストラリアもそうだが、貿易赤字で困ったことは一度もない。

あるいは、外貨が不足して困ると思う人もいるかもしれないが、それも問題ない。

貿易赤字になれば、それだけ支払代金は大きくなるが、これははっきりいってツケみたいな話で、借り入れを増やせば済んでしまう。リファイナンスといって、借入金の組み換えや借り換えをすれば大したことではない。

その意味で貿易赤字が続いてもほとんど支障はない。ただ単に買う物が多いというだけだ。

逆にいうと、貿易赤字の国はそれだけ物を買える力があるというわけだ。

だからどちらかというと、貿易赤字になる国のほうが購買力が高くて消費が多く、経済成長をしている表れであるともいえる。ただし、それも大きな相関関係はなくて、赤字でも黒字でもどうでもいいという世界だ。

全世界の貿易収支（経常収支）をトータルすれば、プラスマイナスゼロになる。ある国が黒字ならもう一方は必ず赤字になる。つまり、世界の国のうち半分が貿易赤字となる。にもかかわらず、赤字が悪いなどと言いだしたら、ほとんどの国が悪くなって大変だ。

国内で東京都が赤字だからと騒がれることはない。一方、北海道は道外に道産品をかなり出しているのでおそらくすごい黒字だ。もちろん、それで産業構造などはわかるが、それと経済的な豊かさなどは全く関係ない。

昔、日本は貿易立国だといわれていた。あえてそれを定義しようとすれば、「輸出入の

主要国の輸出入依存度

単位：%

国名	輸出依存度					輸入依存度				
	13年	14年	15年	16年	17年	13年	14年	15年	16年	17年
日本	13.9	14.2	14.2	13.1	14.3	16.1	16.7	14.8	12.3	13.8
中国	22.9	22.2	20.4	19.1	18.9	20.2	18.6	15.0	14.2	15.3
韓国	40.8	38.6	35.9	33.0	35.3	37.6	35.4	29.8	27.1	29.4
米国	9.4	9.3	8.2	7.8	7.9	13.9	13.8	12.7	12.0	12.3
ドイツ	38.4	38.3	39.3	38.4	39.2	31.4	30.9	31.2	30.4	31.5
フランス	20.7	20.4	20.8	20.4	20.7	24.3	23.8	23.6	23.2	24.1
イギリス	17.4	15.8	15.2	15.2	16.6	23.5	21.9	21.4	22.0	23.3
オランダ	77.5	76.4	75.2	73.4	78.9	68.0	66.9	67.6	64.5	69.5
ベルギー	89.8	88.2	85.8	83.6	85.4	86.6	84.7	81.3	79.7	81.2

総務省統計局「世界の統計2022」より

比率がＧＤＰに対してどうか」という議論になる。

そういう意味で「貿易依存度」という概念があるが、その統計を見てみると、日本は世界のなかでもかなり低いほうだ。

それなのに、日本が貿易立国といわれるのには疑問を感じざるを得ない。そもそも貿易立国というときに、雰囲気だけで定義をきちんとしていないのだろう。

ほかに依存度が低い国として米国などがあるが、それは要するに内需が大きいのだ。国内経済が大きい国は、貿易依存度が低くなる傾向にある。ヨーロッパの小国などは貿易依存度がすごく高い。内需が小さいからだ。

このように世界のデータを調べると、さま

ざまなことがよくわかる。この手の話は結構多くて、だいたいが思い込みだ。

貿易立国とはどういうデータに基づいているのか問うと、たいていの人はまともに答えられない。ニュースなどでもたまに報じられるが、間違った知識を披露しているコメンテーターがいて恥ずかしい。

韓国は比較的、貿易依存度がヨーロッパの国に近い。日本はそれよりもはるかに低い。経済力がある国は内需の比率が高いから、貿易依存度は低くなる。

いまは輸入品が高くなったと騒がれているが、輸入品のウエイトは2割くらいのレベルだから、その範囲では影響がある。しかし、それがものすごく広範囲に影響を及ぼすかといわれれば、日本では物価に対する影響力は大きくないほうだ。

もし影響があるかないかで議論するなら、せめて何割くらいかという数字を確認したほうがいい。数字を見ないから、影響が大きいように感じてしまう。

輸入品の値段が上がってもなかなかインフレにならないのは、そんなに影響が大きくないからだ。

マスコミが「物価が高騰」と報じているが、それは数万ある品目のうち何個かにしか着目していないからだ。

たとえば、スーパーで売っているものが値上がりしているとする。それが世の中のすべての動きだと思い込み、半径2メートルくらいの世界で生きている人が多い。

米国で昔、「財政赤字と貿易赤字で双子の赤字だ」と話題になっていたが、それも別にどうでもいいこと。全体を見ると大したことはなく、経常赤字の国はたくさんある。

米国が日本に「貿易赤字を解消しろ」と言ってくるのは政治的なプレッシャーの問題で、経済とは実際のところ関係ない。それを経済問題として報道する日本のマスコミの姿勢は間違っているのだ。

自由貿易はデメリットよりメリットが大きい

貿易関連の話のついでに、自由貿易についても解説しておこう。自由貿易とは、ひらたくいえば国家間が（可能な限り）関税をかけずに輸出入を行うことだ。

18年3月、環太平洋経済連携協定（TPP）が署名された。TPPとは、オーストラリア、ブルネイ、カナダ、チリ、日本、マレーシア、メキシコ、ニュージーランド、ペルー、シンガポール、ベトナムの合計11カ国の経済連携協定だ（米国は17年に離脱）。

TPPに参加することによって、日本は自由貿易の恩恵を受けられる。これは経済学の

貿易自由化の経済学

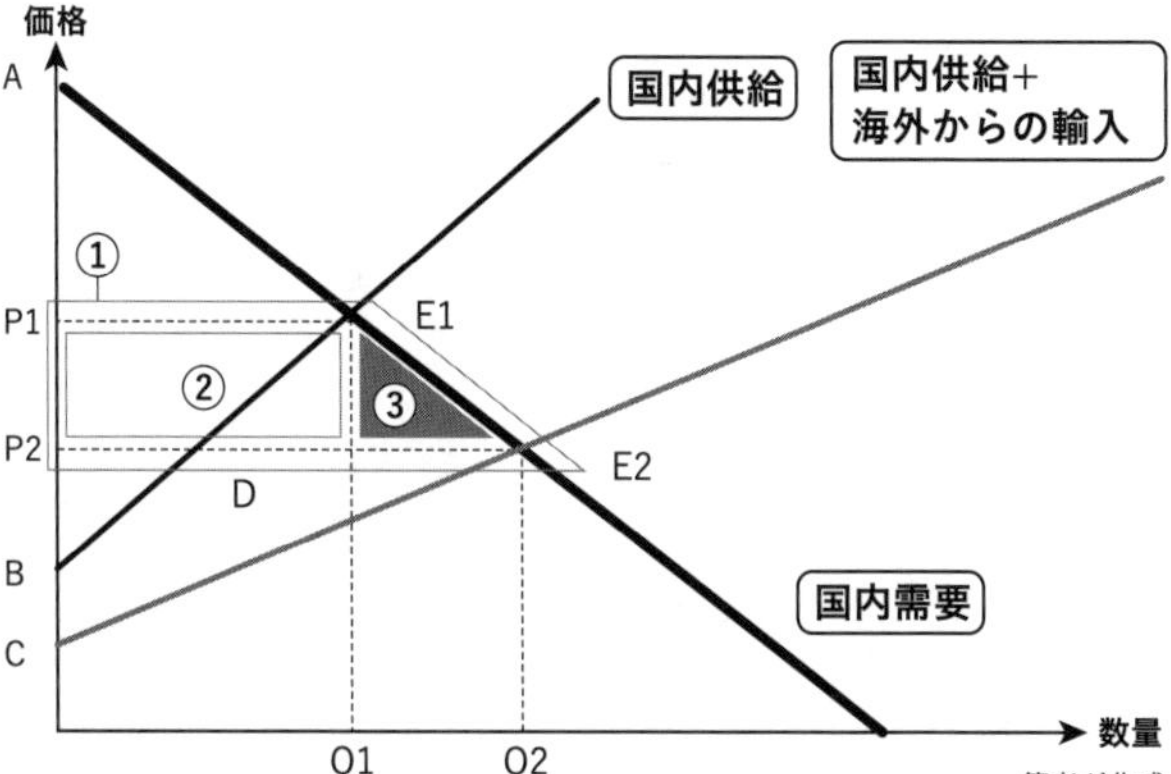

筆者が作成

歴史２００年間で最も確実な理論だ。

ただ、自由貿易でメリットを受けるのは輸出業者と消費者になる。一方で、デメリットを受けるのは輸入業者と競合する国内生産者だ。自由貿易の恩恵というのは、メリットがデメリットを上回ることをいう。

それはグラフだと一目瞭然だ。自由貿易によって増加する消費者余剰台形①は、減少する国内生産者余剰台形②よりも、必ず三角形③の分だけ大きくなる。これが自由貿易推進の根拠だが、もっともこれは消費者から生産者への再分配を前提としている。

自由貿易のメリットの具体的な計算について、当時の内閣府試算では「おおむね10年間で実質ＧＤＰ３兆円増」とされていた。

TPP反対派の多くは、この正確な意味を理解せず「10年間の累積で3兆円」と思い込んでいた。ある著名な経済評論家も「10年間の累積で3兆円だから年間3000億円にすぎない」と反対していた。

この種の計算は古くから行われており、経済学の「比較静学」というものを使う。これはTPP前の状態と、TPPを実施してから輸入量が増えて国内生産者が減少するという調整を経たあとの状態、この二つを比較する分析法だ。こうした計算は国際機関でも行われている。

自由貿易はさまざまな国が参加するので、どの国も極端に有利にならないよう比較的公正な計算となっている。内閣府試算もそれを参考にしている。

筆者としてはこの試算通り、輸出業者と消費者のメリットが国内生産者のデメリットを上回ると考えている。

一方、TPP反対派が当時デメリットとして懸念していたのは、米国の言いなりになってしまうことだった。貿易ルールが米国有利に進められ、日本はデメリットを受けると強調されていた。

その代表例がISD条項（国家対投資家の紛争処理条項）だが、筆者はそれが重大な問題とは捉えていない。というのは、これまで日本は50以上の投資協定に署名しており、そのなかにもＩＳＤ条項は入っているが、対日訴訟は一件もないからだ。

一方、世界では同条項による訴訟が多数あり、訴えられた国は国内法制が不備の途上国に多い。ＩＳＤ条項は投資家や企業が国際投資で、相手国に不平等な扱いを受けないようにするためのものだから、日本のような先進国には有利に働く。

割を食うのは、ＴＰＰに参加しなかった中国と韓国だ。両国ともＴＰＰ自由貿易圏で輸出を伸ばすチャンスを失ってしまった。

ＴＰＰが大詰めで大筋合意にこぎつけたのは、中国の台頭に各国首脳が懸念を抱いたからだ。自由貿易を中国に支配されるよりも、いまは西側の自由貿易体制のほうがましだということだろう。

中国は、自国経済への影響からＴＰＰへの参加に消極的だった。ＴＰＰでは貿易だけでなく、投資の自由化も含まれていたからだ。中国は一党独裁の共産主義国だから、生産手段の私有化を前提とする投資の自由化を基本的に受け入れにくい。

そのため、中国は自国ルールでの自由貿易圏にこだわっている。中国が主導して14年に設立されたＡＩＩＢに精力的だったのは、自国ルールがどうしてもほしかったからだ。

経済的な自由を求めれば、政治的な自由もあとからついてくる。米経済学者でノーベル経済学賞を受賞したミルトン・フリードマンの著書『資本主義と自由』（1962年）で、そう書かれている。

価格と物価を混同した「スタグフレーション」の誤用に注意

少し前、為替相場で円安が進み、原油価格が上昇基調となったことを受けて、マスコミは「悪い円安」のほかにも「悪い物価上昇」「スタグフレーション（不況下のインフレ）」などの言葉を多用した。

こうした見方が妥当なのかについて、解説していこう。

まず円安と原油高は分けて考えたほうがいい。円安にはメリット、デメリットの両面があるとしても、短期的には景気に対してメリットが大きいことはこれまで述べてきた。

一方、原油高についてはどうか。

交易条件の悪化で日本から海外への所得移転につながり、日本のGDPを低下させるという意味で、原油高は日本経済にとってマイナスとなる。

11年年初から13年末ごろまで、原油価格は1バレル80～100ドルの高値で推移した。

ロシアによるウクライナ侵攻で、22年3月には一時130ドル超にまで高騰した。だが23年1月には70~80ドルまで下落している。

しかし、原油価格が高かった11~13年でも一般物価上昇率はマイナスで、デフレのままだった。こうしたことから、原油価格の上昇が限定的ならば、一般物価上昇率はそれほどでもないだろう。

原油価格が上がっているときの政府の対応は何種類かある。その一つは、政府が持っている備蓄原油の放出だ。経済原理としては、供給が少ないから価格が上がるのであって、放出すれば供給が多くなり、たちまち価格は下がる。

実は、日本には備蓄原油が100日分くらいある。各地に石油タンクがあって、そこに備蓄しているので、原油が3カ月くらい全く入ってこなくても生き延びられる。

なぜ日本にそれほどの備蓄があるかというと、73年と78年に起きた2度のオイルショックで原油が入ってこなくなり、大変だった経験をしているからだ。とくに73年の第1次オイルショックでは、国際原油価格が3カ月で約4倍にまで高騰。その影響により、日本経済は戦後初めてマイナス成長を記録するほど大打撃を受けた。

3カ月分という備蓄量は、世界と比べてもかなり多いほうだ。ほかの国は普通、1カ月程度しか備蓄していない。３カ月分もただ置いておくだけだと在庫管理コストがもったいないからだ。

今後のことを考えて原油価格が低いときにまた買えばいいと考えれば、高いときに売ってしまう手もある。原油の仕入れ値はすごく安いから、差益が出る。これは経産大臣がどう判断するかの話だ。

もう一つは、トリガー条項の凍結解除だ。日本のガソリン価格には税金が含まれていて、それが結構高い。

正確には「揮発油税」（国税）と「地方揮発油税」（地方税）があり、現在の税率は前者が1リットル当たり48・6円、後者が同5・2円で合計53・8円となっている。ただし、これは本則税率分（28・7円）に特別税率分（25・1円）を上乗せした「特例税率」だ。

トリガー条項とは、レギュラーガソリン価格の全国平均で1リットル１６０円を3カ月連続で超えた場合、特別税率分（25・1円）への課税を止める制度だ。

これを現在は凍結しているから、凍結解除の新しい法律を出せば税金が安くなり、ガソリン価格は上がらなくなる。いずれにせよ、原油価格については漫然と放置することなく、何らかの対策を政府が打てば解決できる問題だ。

　また、マスコミはよく「原油価格が上がるから物価が上がる」とも騒いでいるが、原油価格と物価は全く別の話なのだ。

　用語としても「物価」と「価格」の意味は違う。日本語的にまぎらわしいが、英語でも別であり、価格は「ｐｒｉｃｅ」、物価は「ｐｒｉｃｅｓ」と複数形になっている。外国人にも混同している人はいるが、わかっている人は区別して話している。

　そもそも両者は決まり方が違う。まずは価格について詳しく解説しよう。

　価格はあるものがいくらかというもの。個別価格は原油と同じように需給関係で決まる。需要が多くて供給が少なければ価格は上がるし、逆に需要が少なくて供給が多ければ価格は下がる。これは経済学の初歩で、ミクロの個別価格という意味だ。

　次に物価を説明しよう。物価は全体の物の量とお金の量の比で決まる。全体のお金の量が増えると、物は相対的に少なくなるから、価値は高くなって物価が上がるのだ。

　一般物価については抽象的で何を意味しているかわかりにくいが、「消費者物価指数」というのがそれに当たる。これは世の中のあらゆる品目を、それぞれの取引に応じて加重平均した数字で、対象品目は数万点もある。

　消費者物価指数には、エネルギーと生鮮食品を除いた指数もある。それらは値動きが激

日米のインフレ率（コア指数）の推移　　単位：%

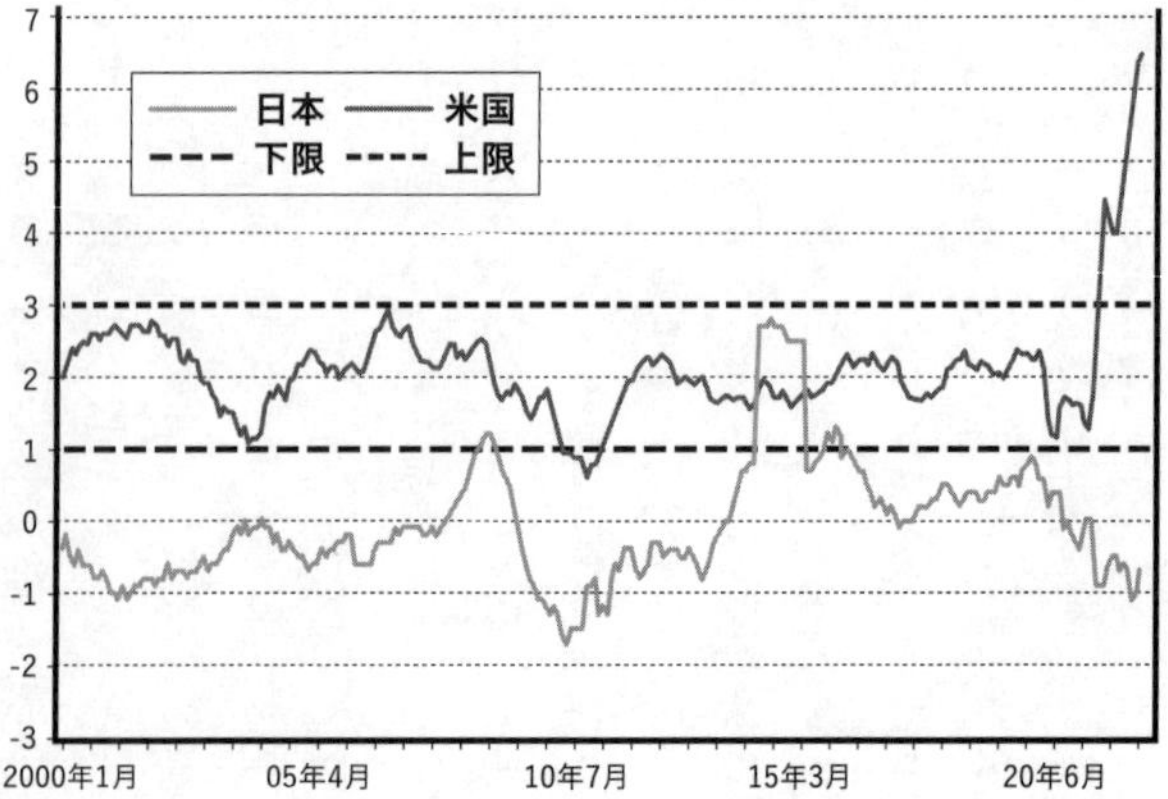

総務省とFRB資料より筆者が作成

しいから除いているのだ。これをコア指数という。

コア指数や消費者物価指数全体を見ながらインフレ率を決めるが、これをマスコミはしばしば混同する。欧米と比較すればわかるが、日本のインフレ率は上がっていない。20年ごろから米国は6％（ヨーロッパは4％）も上がっているにもかかわらず、日本はほぼゼロだ。

一般人が知っているのは個別価格だから、せいぜい「あれ」と「これ」と「それ」の価格くらいしかわからないだろう。

しかし、世の中全体を見ると全く動きが違ってくる。マスコミが「原油価格が上がってスタグフレーションに突入！」などとセンセーショナルに報じても、それにだまされてはいけない。

それにスタグフレーションとは、物価と同時に失業率も上がる状況だ。しかし、いまのところコア指数は22年11月分で前年同月比２・８％のプラスに対し、失業率は２％台と上がってはいない。

だからスタグフレーションではないと結論づけられる。

企業物価が上がってもすぐインフレにはならない

日銀が22年7月、企業間で取引される物の価格を示す「国内企業物価指数」の同年6月の速報値を発表。20年平均を１００とした水準で１１３・８となり、5月に続いて過去最高を更新した。

さらに11月には１１８・５まで伸び、前年同月比で９・３％の上昇率となり、これで「物価が上がっている」という人もいるが、これは早計だ。

実は、物価には2種類ある。消費者物価と企業物価だ。企業物価とは、企業間で取引される財の価格変動を示す指標だ。インフレ率は消費者物価で見るが、企業物価も雇用の動向を予想する上で大切な指標なので、その内訳を細かく見る必要がある。

企業物価は、一般的に川上（素材）・川中（中間財）・川下（消費財）に分けることができ、その川下のさらにもっと下のところに消費者物価がある。企業物価はそれぞれの川の「上がりがどうなっているか」を見なければならない。

仮に22年5月の数字で計算すると、川上では66％上がっている。真ん中の川中は18％。川下（消費者物価よりはまだ川上だが）は5％だ。要するに川上は上がるが、それより下になるほど上がりにくくなる。

企業物価指数の前年同月比9・3％（6月は9・2％）という上昇率は、この川上から川下を合わせて平均をとった数字となる。

川上のほうが大きく上昇し、川下になるにしたがい需要がないから転嫁しづらくなって下がっていく。この数値だと、消費者物価はあまり大きく変化しない。

川下は自分のところで吸収するから、半年ほどすぎると雇用などに影響が出てくる。要するに、川下でコストアップを吸収してしまうのだ。そうすると、雇用のところでコストカット（人件費削減）したくなるから雇用状況が悪くなるのだ。

「企業物価が上昇しているから、すぐにインフレになる」と思い込む人もいるようだが、そう簡単にはならない。

原材料やエネルギー価格が上がっているのは間違いないが、コストアップ要因になっていて、通常の最終消費者には転嫁できず、おまけに企業のなかでも、川下にいくにつれて転嫁しづらくなっている。そんな企業段階でコストアップが溜まっていく状態を表しているにすぎない。

最終的には、消費者に転嫁できないと詰まってしまい、経済が動きにくくなる。こういうときには多少インフレになるが、消費者物価を上げるレベルで緊急経済対策などを行い、消費者のところで転嫁できるくらい所得を上げる対策が、本当は求められている。

しかし、いまの状況では「インフレになるのは嫌だ」ということで対応しないだろう。だから米国のほうが健全だ。インフレになるほうが経済はいいので、失業率は低い状態を保てる。米国の雇用統計も市場の予想よりいい。経済が強いから雇用も強いのだ。

最悪なのは失業して所得がなくなることだが、米国は最悪の状況を回避できている。「失業とインフレのどちらを選ぶか」といわれたら、実はインフレを選ぶべきなのだ。そのほうがマクロ経済的には影響が小さい。

こういうことは金融政策の基本であり、だから筆者は「金融政策＝雇用政策」だと繰り返し述べている。安倍元首相はそれを完全に理解していたが、ほかの政治家はほとんどわからないようだ。

日本の失業率は22年11月で2・5%だからそこそこいいのだが、半年から1年くらいのスパンで見ると少し上がってくるだろう。いまは雇用調整助成金で抑えているので、名目上も下がっている状態だからだ。

金融政策に着目してデフレ脱却を目指す「リフレ政策」

金融政策の一つに「リフレ政策」というものがある。

リフレとはリフレーションのことで、デフレからは抜け出したが、本格的なインフレには達していない状態のこと。筆者をはじめとしたリフレ派は、デフレはまずいという立場で、デフレの要因をとりわけ金融政策に着目して説明するのが特徴だ。

裏を返せば、デフレの要因を金融政策に着目せず説明する人が案外多い。もちろん財政の要因もあり、リフレ派はそれも考慮している。

金融政策とは簡単な話で、お金を多く刷るか刷らないかだ。お金を刷ると物価が上がる。これを「貨幣数量理論」という。なぜお金を刷ると物価が上がるのかといえば仕組みは単純で、物とお金の量の比で価格が決まるからだ。

たとえば、Ａ商品が１００個で価格１００万円だとすると、１個当たり１万円になる。それが、世の中のお金が増えて１００個が１０００万円になったとすると、Ａ商品は１個10万円になる。

そんな感じで、物の量が決まっていたら、お金の量を増やすと価格は上がるのだ。

日銀がお金を刷れば、金融機関を経由して市場に出回る。日銀は刷ったお金で何でも買えるが、ちまちましたものを買っても仕方がない。だから、どかんと大きなものを買う。

そのなかでも一番便利で世の中に多くあるのが国債で、金融機関はみんな持っている。財政当局が国債を発行するからだ。

金融機関は国債を買い、お金を財政当局に渡している。お金を渡す代わりに国債を持っているともいえる。その国債を日銀は自分が刷ったお金で買うという仕組みだ。

だから、日銀が刷ったお金の量と、日銀が買った国債の量はほぼ同じになる。

もっとお金を刷るためには、もっと国債を買えばいい。日銀が国債を買う量が少ないから、お金の量も少ないのだ。

国債はまだ民間金融機関に４００兆円くらいあまっている。国債全体は１０００兆円くらいあるが、前に日銀が６００兆円買った残りだ。

日銀による国債購入の流れ

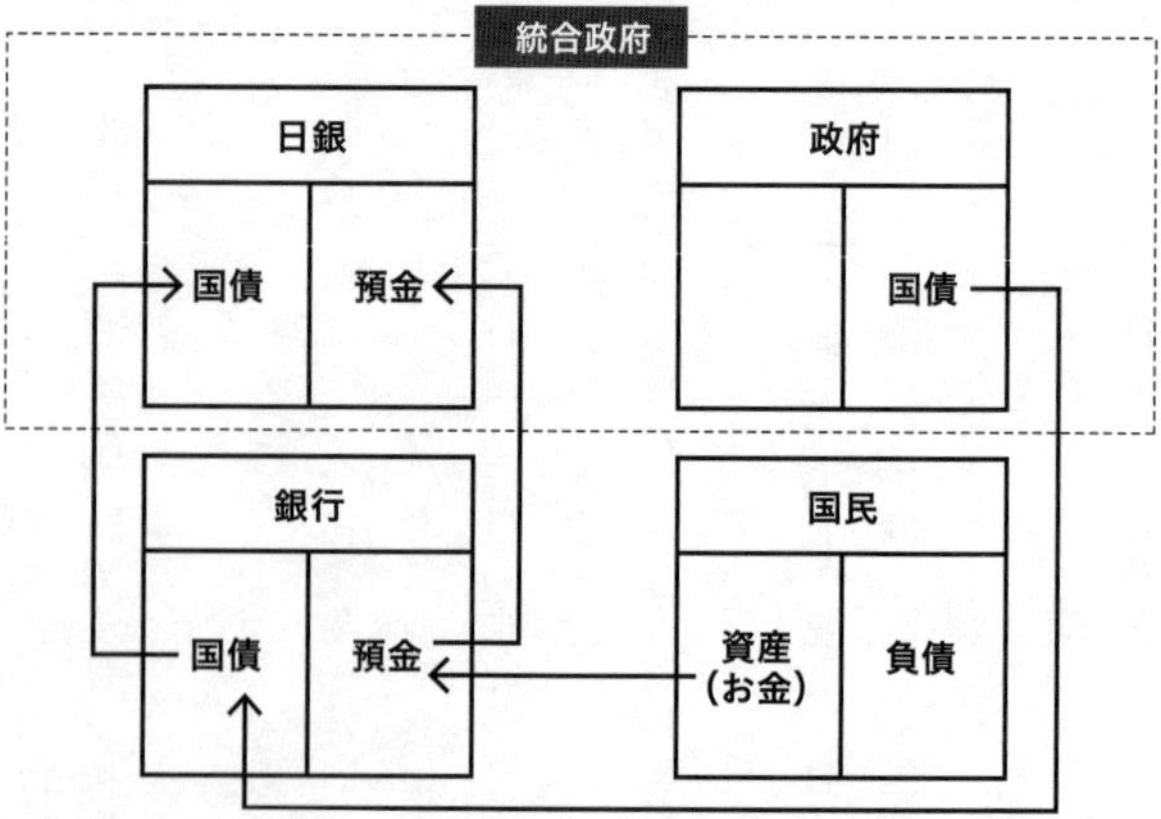

編集部で作成

日銀は金融緩和といっている割には、国債を買うのを渋っていた。もっとお金を刷って国債を買えばいい。

FRBの議長だったベン・バーナンキは、「国債を買いまくって、世の中から国債がなくなってしまえばいい」と筆者に言っていた。

もし日銀がすべての国債を持つとしたら、世の中の金融機関から国債がなくなるから財政問題がなくなる。政府の子会社がすべての国債を持つということは、実は財政負担がゼロということだ。

現状そうなっていないのは、民間金融機関が国債をすべて持っていて、お金に換えようとしないからだ。

いまは金融機関がお金をいくら持っていても、貸出先が少ないのだろう。銀行が儲けるためには、現金をたくさん持っていても意味がない。どこかに貸し出して利息収入を得ないといけないが、その貸出先をなかなか探せない。金融機関としては情けない話だ。

国債が５００兆円あるといっても、ポートフォリオというかたちで保有しており、売り買いにあまり出さないから店頭にはほとんどない。商店の奥のほうから商品を持ち出すような感じになり、民間金融機関も積極的に国債を売りたがらない。

財政出動すれば、日銀もより国債を買いやすくなる。財政出動したときに発行した国債は「新発国債」といい、発行直後はさまざまな金融機関で取引される。そのときは日銀も国債を買いやすいのだ。

それがだんだん取引されなくなると金融機関のポートフォリオに沈んでいく。つまり、それぞれの金融機関の金庫に入る。そうするとなかなか取引されなくなる。

このように、金融政策というのは抽象度が高くて理解するのが難しい。財政の話のほうが簡単だから、リフレ派への批判は金融政策を知らない人がするだけだ。財政出動と金融政策は密接な関係にあり、両方を理解していないと議論にならない。

「インフレ目標2%」は失業率低下が目的

アベノミクスで政府は「インフレ率2%」を目標に掲げた。これに対して「あれだけ金融緩和したのに、まだ目標を達成していないではないか」という批判もあった。

こうした批判は的外れで、2%に達していないからこそ国債が買える。つまり、インフレ目標に達するまでは財政出動しても財政が悪くならないという点でいいことなのだ。

別に2%に届かなくても大した話ではない。2%「まで」いいのだから、2%より下でも問題ない。

中央銀行がたくさん国債を買えば、インフレ率はおのずと上昇する。それとともに失業率が下がる。景気がよくなれば物価が上がりやすくなる一方で、雇用も増えるからだ。

だから何らかの政策を実行するときは、財政出動や金融緩和をすれば、物価が上がりやすくなる一方で失業率は下がりやすくなる。これが「フィリップス関係（曲線）」だ。

このインフレ率と失業率の関係は知られていて、大学の経済学部では必ず習う。

どの国でもそれは同じで、グラフにすれば失業率が高いときにはインフレ率が低くなり、失業率が低いときにはインフレ率が高いという反比例の曲線を描く。

マクロ政策・フィリップス曲線

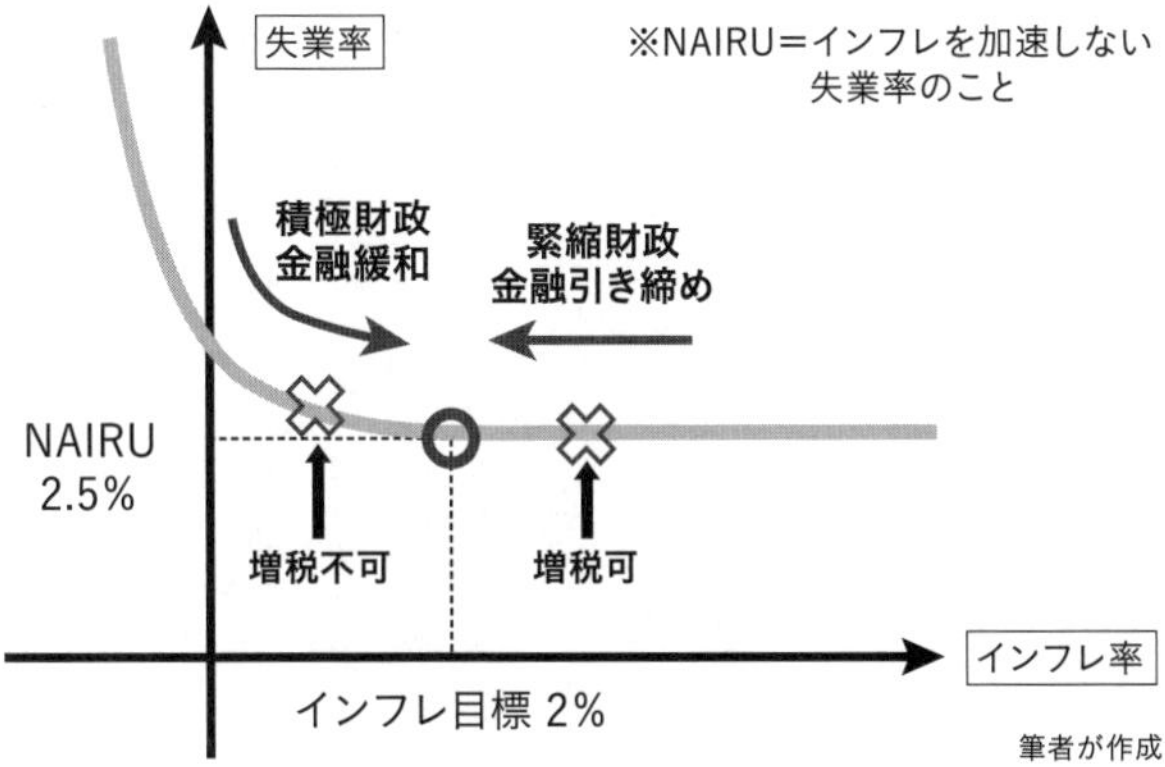

筆者が作成

言い換えれば、景気が悪くなるとインフレ率が低くなり、失業率は上がる。ただし、どんな国でも失業率がゼロになることはない。必ず失業する人はいるからだ。

これは不幸な話だが、自分の適性と仕事は完全にはマッチしない。だから失業率はどんなに低くても１～２％にはなる。

一番低くなる数値は国によって違っていて、日本はだいたい２％ちょっと。どう頑張ってもこれより失業率は下がらない。

米国では少し前まで下限が４％くらいだったから、22年12月現在の３・５％というのは、かなり人手不足の状態というのがわかる。

金融緩和すればインフレ率がどんどん上がって失業率が下がっていき、下限までいくとそれ以上は下がらず、インフレ率しか上がらなくなる。

そう考えると、日本なら失業率を下げるときに許容できるインフレ率は、2%までということになる。

この、インフレ率を上昇させない失業率のことを、経済理論では「NAIRU（non-increasing inflation rate of unemployment）」と呼ぶ。

だから「2%に達しなければならない」ではなくて、「2%に達するまでに失業率が下がればいい」というのが目標の本来の意味だ。

インフレ率が上がれば給料も同じように上がる。日本でも最近、多くの企業が数パーセントの賃上げをすると報じられた。

ただ、インフレ率がたとえば10%などになってくると、年中値札を替えないといけないし、いろいろと面倒になる。

いまの状況であれば、もっと金融緩和しても構わない。新型コロナウイルスショックでインフレ率がマイナスになり、最近になってようやく多少は上がってきているとはいえ、まだ緩和の余地はあるからだ。

失業率とインフレ率の関係を見ながらコントロールするのが、金融政策の基本だが、こういう話をするときは、とにかく失業率だけを見ておけばいい。インフレ率ばかり気にしている人は視点を間違えているのだ。バーナンキも「失業率が下がればそれでいい」と言っていた。

ちなみに、失業率はGDP成長率とは直接関係ない。もちろんGDPが上がればインフレ率も上昇し、一方で失業率は下がる傾向にあるから少しは関係するが、GDP成長率を見て政策を決めるわけではない。失業率とインフレ率の背景にはGDPがあるというだけだ。

マネタリーベースとマネーストックの違い

為替の説明でマネタリーベースについて述べたが、これはマネーストックとは違う。言葉の意味を理解していないと両者の違いがわかりにくい。かみくだいて説明しよう。

マネタリーベースは簡単で、ざっくりいうと世の中に流通しているお札（日本銀行券）と貨幣、そして各金融機関が日銀に開設している当座預金の合計金額だ。

22年12月の平均残高でいうと、お札が約123兆円、貨幣が4・8兆円、日銀当座預金が約489兆円で、合計は約617兆円。これが現在のマネタリーベースだ。

日銀当座預金もお金として勘定する理由は、当座預金があれば金融機関がその分だけお金を引き出せるからだ。

国内にお札は約123兆円あるから、おおまかに1億人とすると、一人123万円くらいはお札を持っている計算になる。そういうと「私は10万円しか持っていない」という人もいるかもしれないが、そのくらいはお札が世の中に出回っているという意味だ。

一方、マネーストックは全く違う意味で、一般法人、個人、地方公共団体などが保有している現預金の合計のことだ。

預金はすべて換金するわけではないが、預金額を知ることで、ある程度のお金を持っていることがわかる。このマネーストックが22年12月現在で約1212兆円ある。

そういう意味で両者は違う概念になる。経済理論では、この二つがよく出てくるが、名前の紛らわしさもあってか混同されることも多いので注意したい。

日銀は、民間の預金はコントロールできないが、お札はどれだけ刷るかを決められる。日銀がお札を刷らない限り、世の中にはお札が出回らない。ほかの人が刷ると通貨偽造罪になってしまうので、許可されているのは日銀だけだ。

マネタリーベースをある程度増やすと、マネーストックも増えるという経験則がある。しかし、完全にそれらが連動しているとも言い切れず、マネタリーベースを大きく増やしても、マネーストックが増えないこともある。

マネーストックがマネタリーベースの何倍かを示す比率を「信用乗数」という。マネタリーベースを増やすことはできるが、マネーストックは意図的に増やせないから信用乗数は変動する。

すごく長い目で見ると、比例的にマネタリーベースとマネーストックは結構同じ比率になりやすい。ただ、短期的には両者の動きは異なる。

お金の増減率とインフレ率には高い相関がある。世界各国のデータをとると、相関係数は0・7程度だ。

とくにインフレ率と関係があるのは、マネタリーベースのほうだ。ただし、これも長い目で見れば、マネタリーベースもマネーストックも大きくなると、インフレ率は多少上がるという程度。

長い目というのは10年スパンくらいだ。だから毎月のデータを切り取ってみてもわからない。データを10年分眺めてみてようやくわかるレベルだから、両者の関係を一発で解き明かせるような簡単な公式というものは存在しない。

「アベノミクスでマネタリーベースは上がったが、インフレ率は上がらなかった」という

通貨増減率とインフレ率の関係（2000-09年） 単位：%

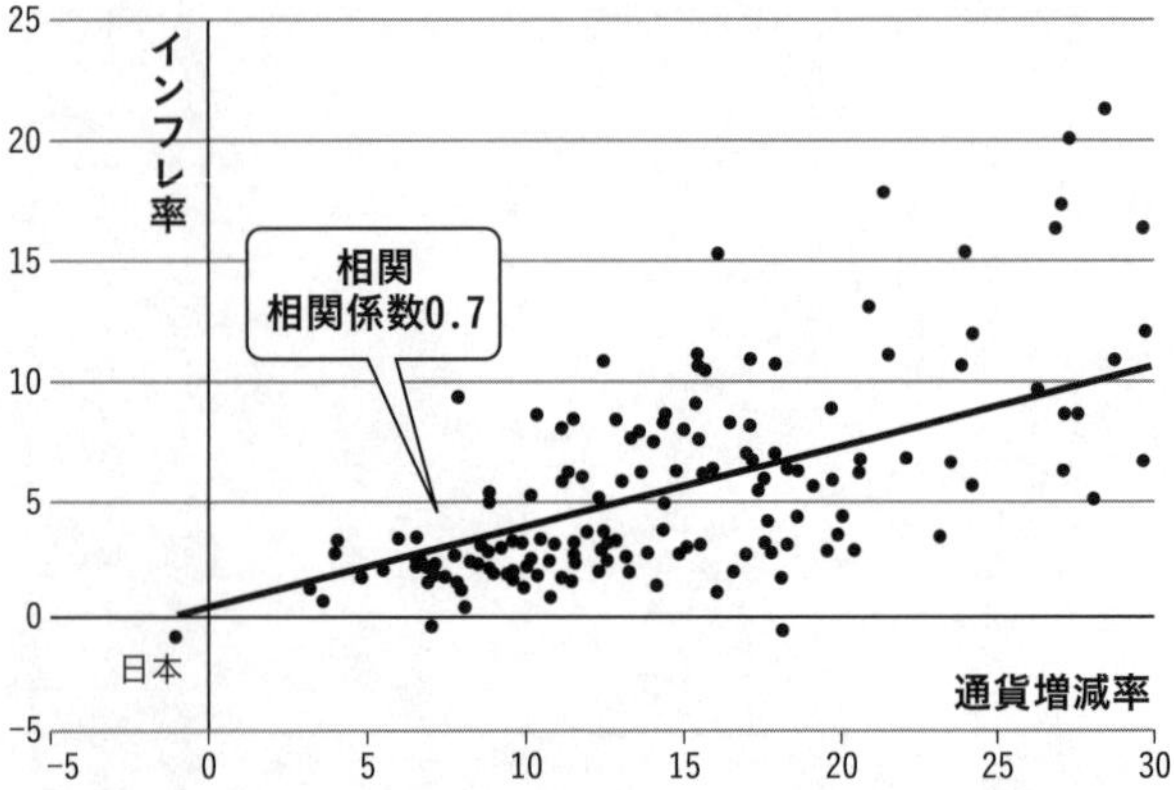

筆者が作成

マネーストック増加率（2011年）とインフレ率の推移 単位：%

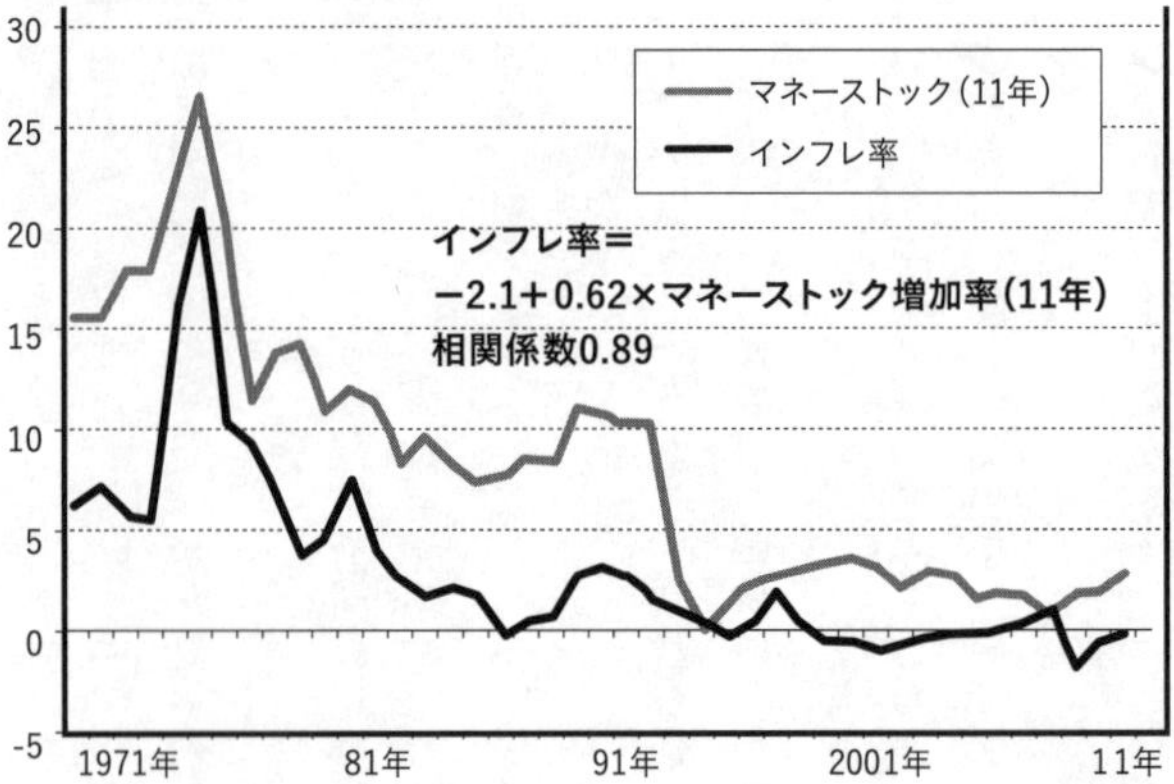

筆者が作成

ような話をときどき聞くが、そんなのはよくあることだから別に驚くようなことではない。

インフレ率自体はどうでもよくて、失業率さえ下がればいい。そして失業率が下がっていたからこそ、「アベノミクスは成功だった」という評価ができる。

お金を刷れば失業率が下がる。これを簡単に理解するのは難しいかもしれないが、世の中のいろいろなところにお金があって、それを得るために人は商売したくなる。そうなると人を雇うから失業率が下がる。

長い目で見ると、マネタリーベースの増加がそういうところで効いてくる。時間を経るほど効果が出てくるのだ。

お金の伸び率がビリで経済成長率もビリに

筆者の昔からの研究対象の一つに、世間に出回るお金の伸び率がある。グラフを使って説明しよう。まずは図a－1に目を向けてほしい。

横軸にある国についての「お金の伸び率」をとる。毎年の伸び率をとってもいいが、1年ごとだとわかりにくいから、10年くらいの伸び率の平均値をとって横軸に書く。縦軸には「名目GDP成長率」をとる。これも同じ期間で平均的な伸び率をとる。

a-1 **世界各国のお金の伸び率と名目GDP成長率（2013-21年）** 単位：%

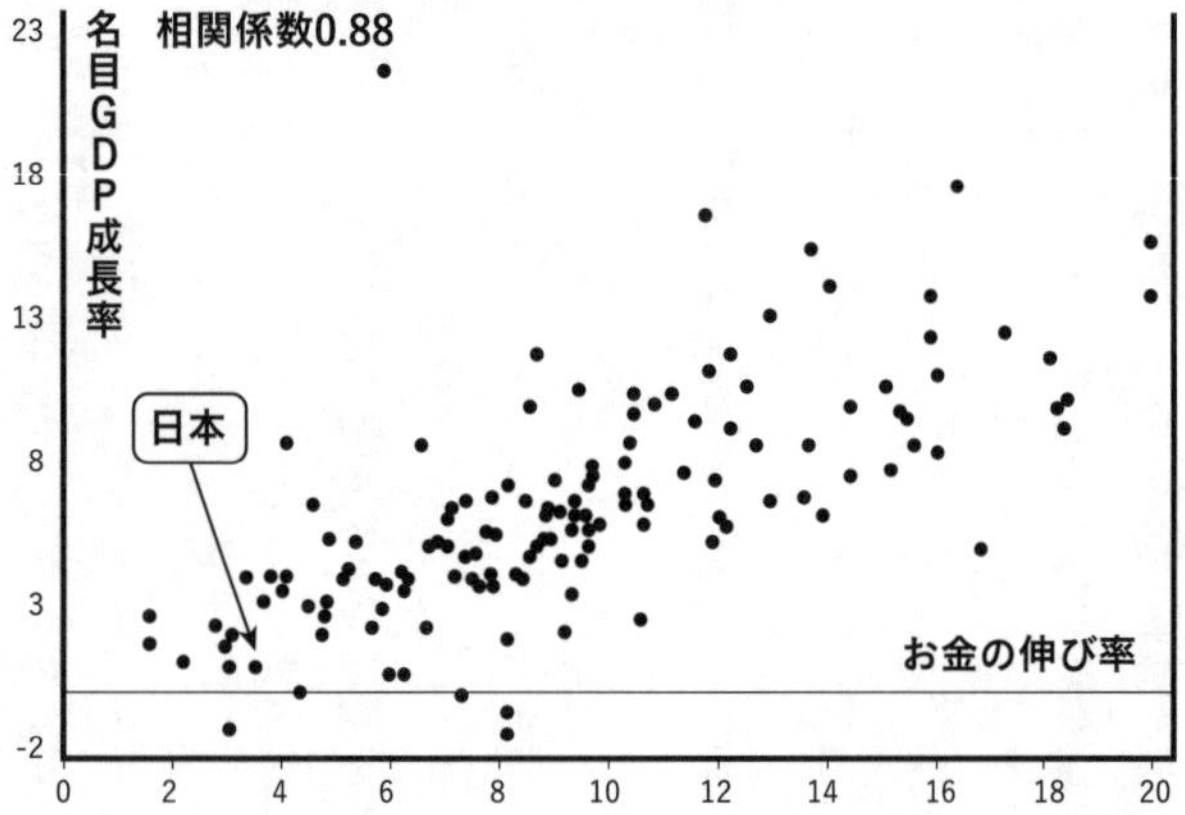

世界銀行資料より筆者が作成

一つの国で10年くらい見ると、お金の伸び率と名目経済成長率の平均的な数字が出る。一つの国で1個のドットができるから、これをたくさんの国、おおむね２００カ国を抽出して散布図を作成する。

さすがにデータのない国もあるから、そういう国は省略して両方ともデータがある国だけを抽出すると１５０～１６０カ国に絞り込まれる。それだけの数のドットを打っていくのは大変な作業に思えるが、いまは表計算ソフトで簡単に作成できる。

だから筆者が教えている大学の講義では、いつもこれを学生に課題として出している。時代ごとにいろいろなデータの

a-2 **世界各国のお金の伸び率と名目GDP成長率（1984-93年）**　単位：％

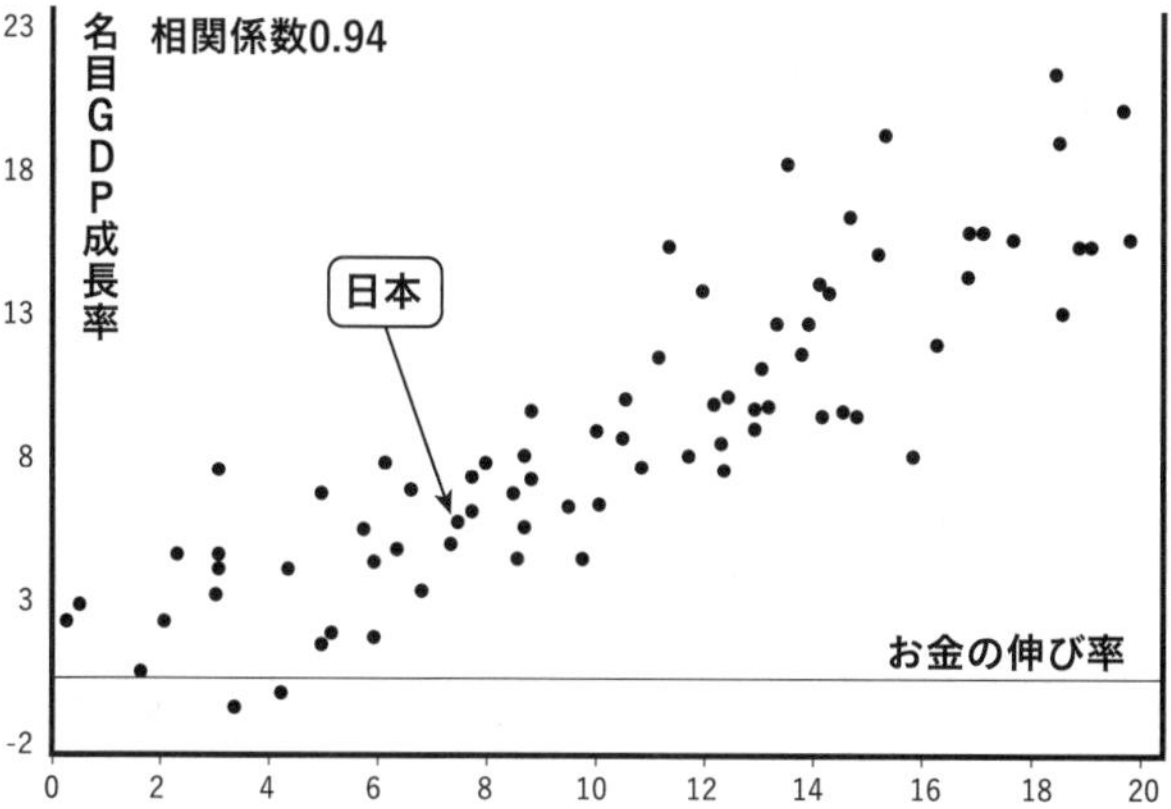

世界銀行資料より筆者が作成

とり方があるから、課題としてちょうど出しやすいのだ。

そうやって横軸にお金の伸び率、縦軸に成長率をとるとだいたい右上がりでドットが集まる散布図になる。

ここからは少し専門的になるが、成長率というのは経済変数（GDPデータに対応する変数）であり、お金の伸びは人為的に動かせるから、「お金を伸ばしたら成長率が伸びる」と因果関係で説明する人もいる。

ある程度はそういえるが、この図は別に因果関係を示してはいない。単に「お金の伸び率が高い国には成長率の高い国が多い」という相関関係を説明している

a-3　**世界各国のお金の伸び率と名目GDP成長率（1994-2013年）**

単位：%

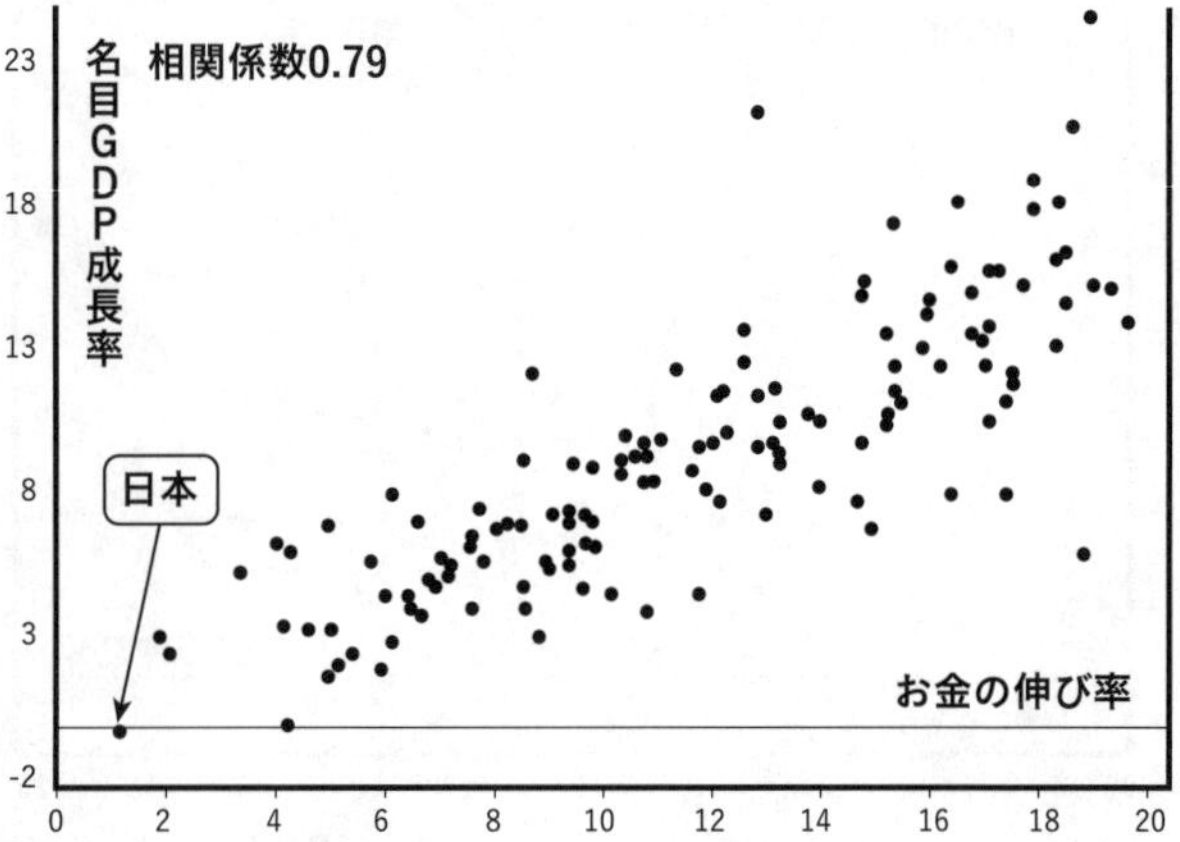

世界銀行資料より筆者が作成

だけだ。

　では日本の位置はどこか。またGDPが大きい米国や中国の位置はどこか。それを各年代で調べたグラフがある。

　84～93年の、いわゆる日本のバブル経済の前までをとった図a－2で日本の位置を見ると、米国とかなり近くて先進国のなかでもいい位置にいる。もちろん、当時の中国は発展途上国だったから、かなり右のほうにある。発展途上国はみんな右のほうにいく。

　ところがバブル経済後の「失われた20年」の図a－3を見ると、右上がりのドットは同じだが、日本は一番左下にある。これは日本が世界でお金の伸び率、成長率ともにビリだったということの表れだ。

筆者もさすがに20年間ビリだと知ったときは焦った。アベノミクスが始まった13年からのデータ（図a-1）をとってみたら少し戻しているが、まだ以前ほどではない。

さすがに2度も消費増税したから戻りきらないのも当然で、ここ数十年の日本の歩みはかなりつらいものだった。

ただし、あと10年くらい適切な政策をとれば、元に戻せる自信が筆者にはある。アベノミクスのおかげで、失われた20年で転落していたビリの位置は脱しているからだ。

このデータなら説得力は高いし、日本が成長しなかった原因は、お金の伸び率が足りなかったからという仮説の証明にもなる。

日本が経済成長しない理由について、みんないろいろな理屈をつけて論じているが、お金の伸び率を見たら簡単に説明できる。

よく「少子化で成長しない」などと主張する人もいるが、そもそもずっと以前から少子化だし、右に少子化の数値をとって同じグラフを作ってみたら、経済成長と少子化は全く関係ないことがすぐにわかる。

試しに横軸にいろいろなデータをとってみたが、お金の伸び率以外に経済成長率との相関関係を説明できるものはなかった。

ちなみに「中国のデータは当てにならない」という意見をよく見聞きする。たしかにそれも一理あるが、ものすごく乖離した数字というわけでもないから傾向はそこまで違わないだろう。多くの国のデータがあるから、仮に中国だけが実態と大きくかけ離れていても、全体としての傾向は変わらない。

お金の伸び率と経済成長率には関係がある。逆にいえば、お金の伸び率を低くすると経済成長率も下がりそうだという仮説が成り立つ。おそらくそれは間違っていない。

図a-1から3を政府関係者に見せるとみんな驚くが、一方で学者のなかには「そうではない」という意見も多い。だから、みんなそちらに引っ張られる。この論が浸透するのは、筆者がこの世からいなくなってからだろう。学問というのはそういうものだ。

お金の量を規定するのは日銀と財務省。共謀した彼らの政策がひどかったから、失われた20年が起きてしまったのだ。

「マンデル・フレミングモデル」で説明できる経済成長

経済対策には財政政策と金融政策の二つがあるが、いわゆる「財政出動派」は前者のことしか考えておらず、後者を軽視している節がある。

ノーベル経済学賞を獲ったロバート・マンデルとジョン・マーカス・フレミングが提唱した「マンデル・フレミングモデル」によれば、財政政策だけだと不十分だ。

その理由を簡単に説明すると、財政出動は国債を発行して行う政策のため、通常は金利も上昇する。日本なら、金利が上がると日本円の人気が高まり円高に振れる。円高はGDPを低下させるため、それをカバーするには金融緩和が必要となる。

マンデル・フレミングモデルは大学院で習うレベルのため、いろいろな予備知識が必要になる。通常は2〜3回コースで4〜5時間かけて説明するような理論だが、わかりやすく図で解説しよう。

図b-1を見ると、線が3本あるが、それらの交点に経済が落ち着くことをまずは押さえておきたい。

右下がりの「IS曲線」は、実物市場の均衡を表している。モノやサービスの市場において、総需要と総供給が均衡するような利子率と、国民所得の組み合わせを表す曲線だ。

右下がりになる理由は、金利が高いほど実物経済は投資が減っていき、成長率が下がるからだ。逆に金利が低いほど、実物経済は投資が増えてGDPが伸びる。

b-1　マンデル・フレミングモデル

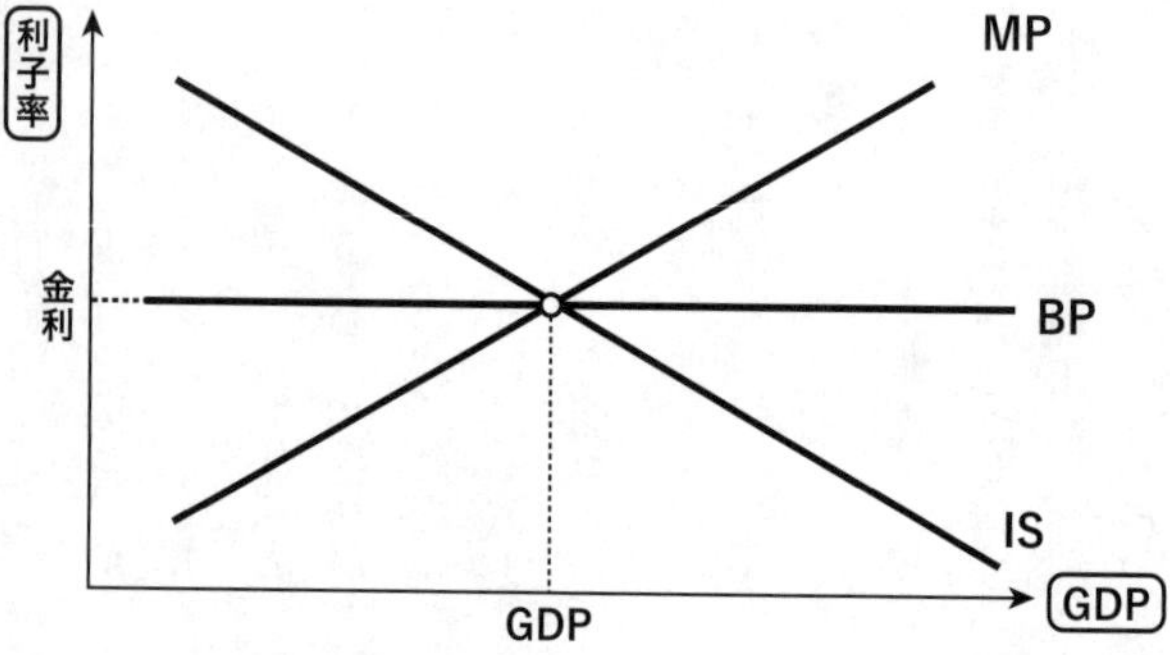

編集部で作成

右上がりの「MP曲線」は、金融政策ルールを表す曲線である。右上がりになる理由は、実物経済がよくなりすぎると、過熱してインフレになり、それを受けて中央銀行が金利を高くする傾向にあるためだ。

このIS曲線とMP曲線の交点でGDPが決まってくる。

これだけなら単純なモデルだが、これに「BP曲線」というものも加わる。BP曲線とは、国際収支が均衡する際の自国の国民所得と利子率の組み合わせを表す曲線だ。世界の金利に国内の金利が収束することを表している。

この三つの線の交点の下をたどるとGDPになり、左へいくと金利になる。

これをベースとして、実際にいろいろな政策を

b-2　**マンデル・フレミングモデル（財政政策のみ行ったケース）**

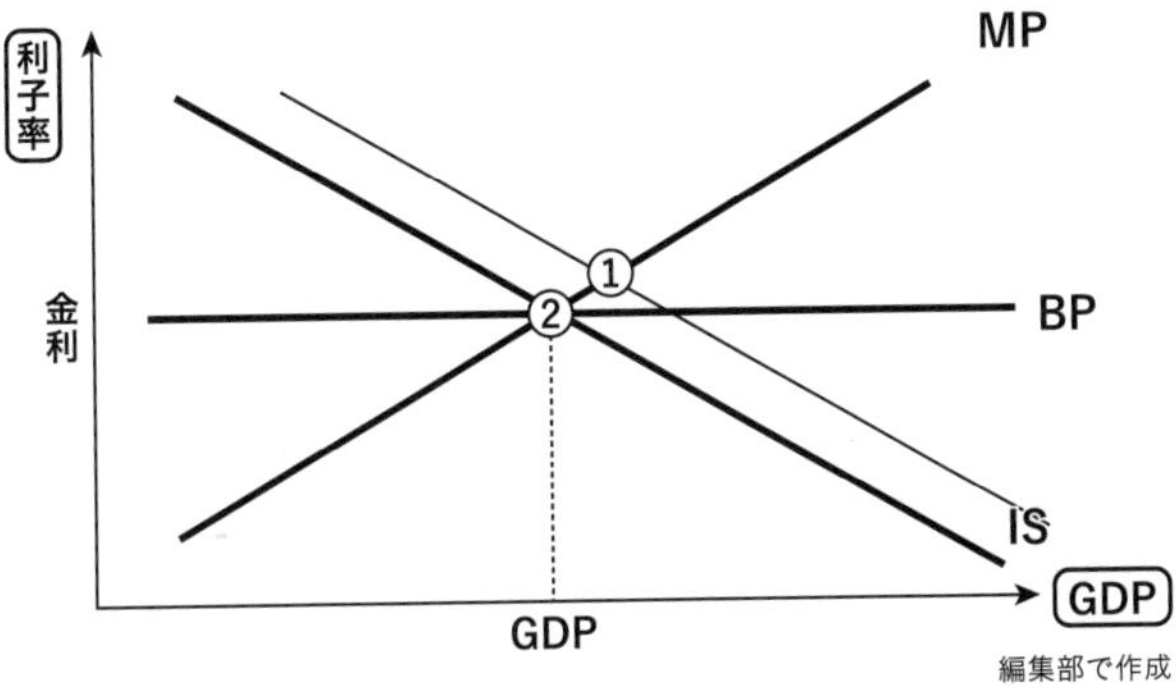

編集部で作成

とったときにどう動くか見てみよう。図b－2は財政出動のみを行ったケースだ。

同じ金利でもGDPが少し増えるから、IS曲線が少し右上にずれる。そうするとMP曲線との交点が少し右上にくる（①）。つまり、GDPは伸びるが、金利も高くなるのだ。日本は変動相場制だから、金利上昇により円高に振れて輸出が落ち込み、IS曲線がまた左に戻る。その結果、GDPも落ちて交点が元の位置に戻ってしまう（②）。

こうした結果は財政出動派にとって非常に不都合な事実だ。

だから財政出動だけを主張する人は、自分の主張が否定されてしまうため、マンデル・フレミングモデルについては言及しない。ノーベル経済学賞を獲った理論であるにもかかわらず、だ。

b-3 マンデル・フレミングモデル
(金融政策のみ行ったケース)

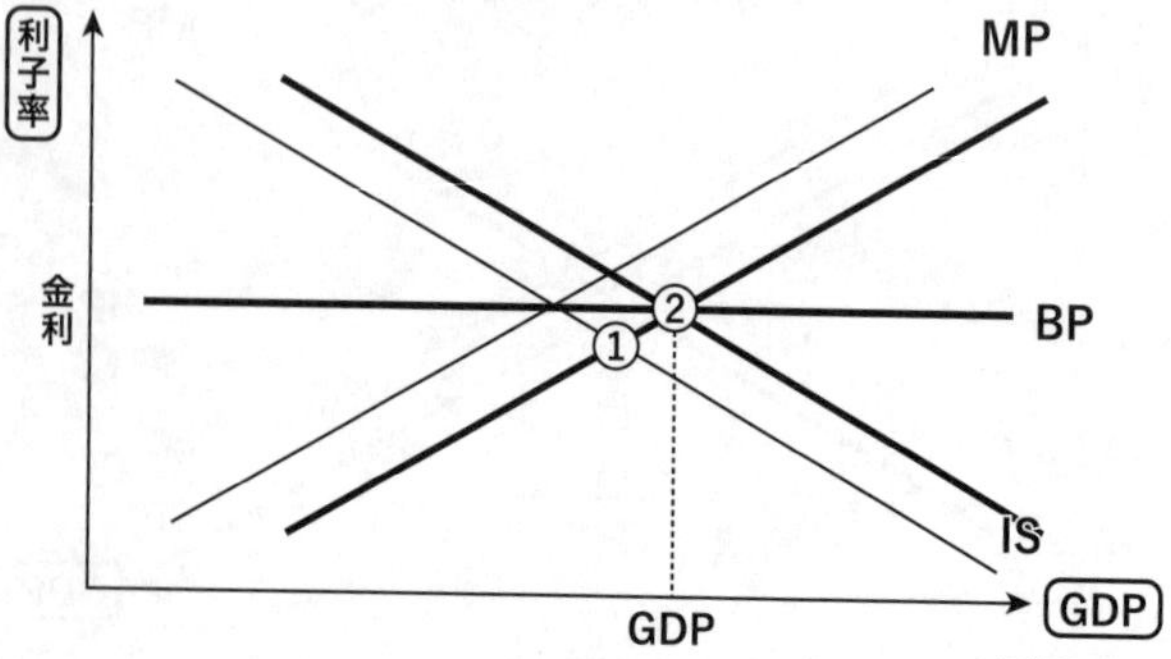

編集部で作成

b-4 マンデル・フレミングモデル
(金融政策と財政政策両方を行ったケース)

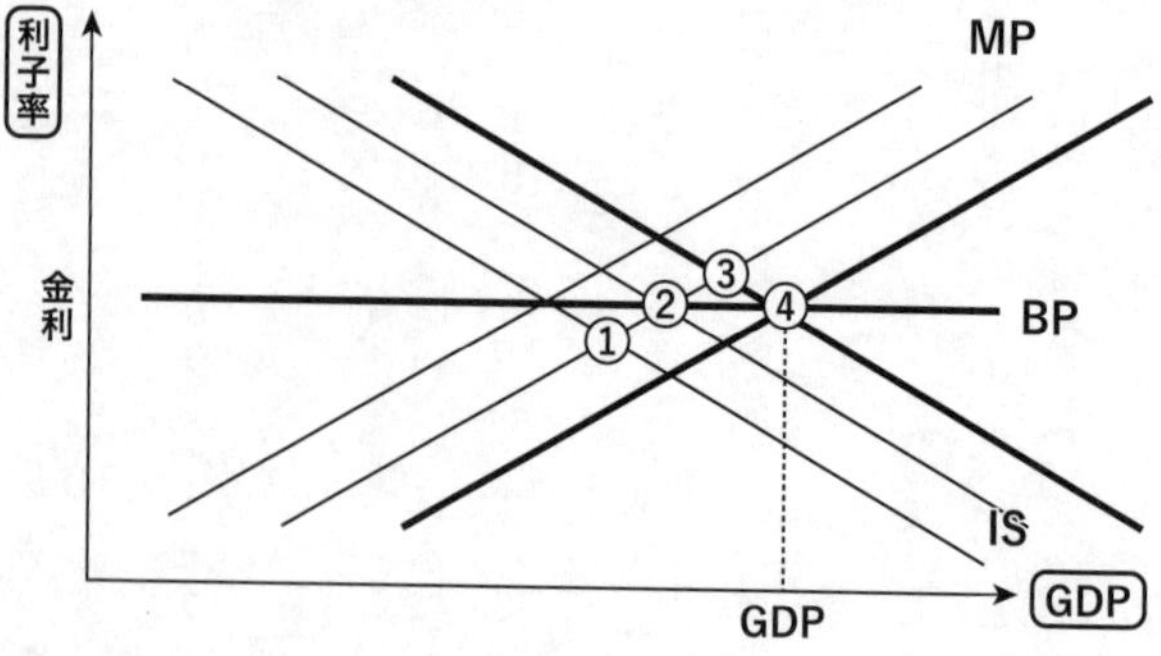

編集部で作成

次に、金融政策のみを行った場合の図ｂ－３を見てみよう。

金融政策を動かすとＧＤＰが増えて金利が下がるから、ＭＰ曲線は右にいって、交点が少し右下にくる（①）。金利が下がると円安になって輸出が伸びるため、実物経済のＩＳ曲線が右にシフトして、金利が元に戻ってＧＤＰだけが伸びることになる（②）。

財政政策とは違って、金融政策はそれだけでもかなり経済はよくなるが、両者の合わせ技をするとどうなるか。その答えが図ｂ－４だ。

まず金融政策を行うと、金利が下がってＧＤＰが伸びてＭＰ曲線が右にいき、交点が①にくる。そして円安になって金利が戻り、交点の位置が②になる。そこから財政政策をすると、ＩＳ曲線が右にいって金利は上がるがＧＤＰも伸びて、交点が③に移動。そこから金融緩和するとさらにＭＰ曲線が右に移り、交点④に落ち着く。

つまり、ＧＤＰが伸びたまま金利が下がる状態になり、経済はものすごくよくなるということを証明しているのだ。

第5章　日本経済を蝕む七つの俗論

「財政破綻論」で増税を目論む財務省

「悪い円安論」のほかにも、日本経済に悪影響を及ぼす言説は多い。そんな七つの俗論を本章では紹介しよう。

一つめは「財政破綻論」だ。21年11月、当時の矢野康治財務次官が月刊誌『文藝春秋』に、「財務次官、モノ申す『このままでは国家財政は破綻する』」という論文を寄稿して話題となった。

財務省はこれまでもたびたび、「国民一人当たりの借金は1000万円」「借金のGDPに占める割合は260％」などと、日本の財政危機をあおってきた経緯がある。

だが、金融工学の観点から見ても、日本の財政が危機的ではないことは明らかだ。日本国債の5年クレジット・デフォルト・スワップ（CDS）は、0・00188％。つまり、日本が5年以内に破綻する確率は1％にも満たない。これは大学院レベルの金融工学の知識があればわかることだ。

次に、会計学の立場から見てみよう。日本の財政状況は、「統合政府バランスシート（BS）」を見れば判断できる。

日本国債のCDS保証料率　単位：%

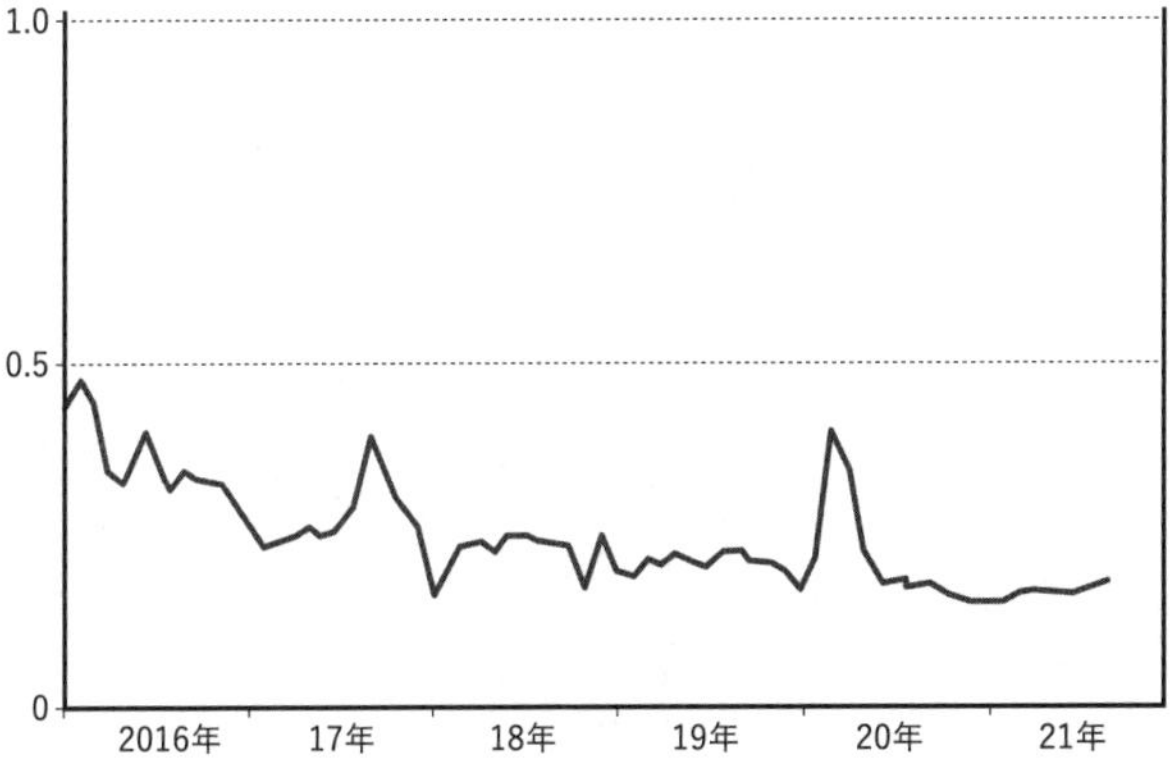

編集部で作成

政府の連結バランスシート　単位：兆円

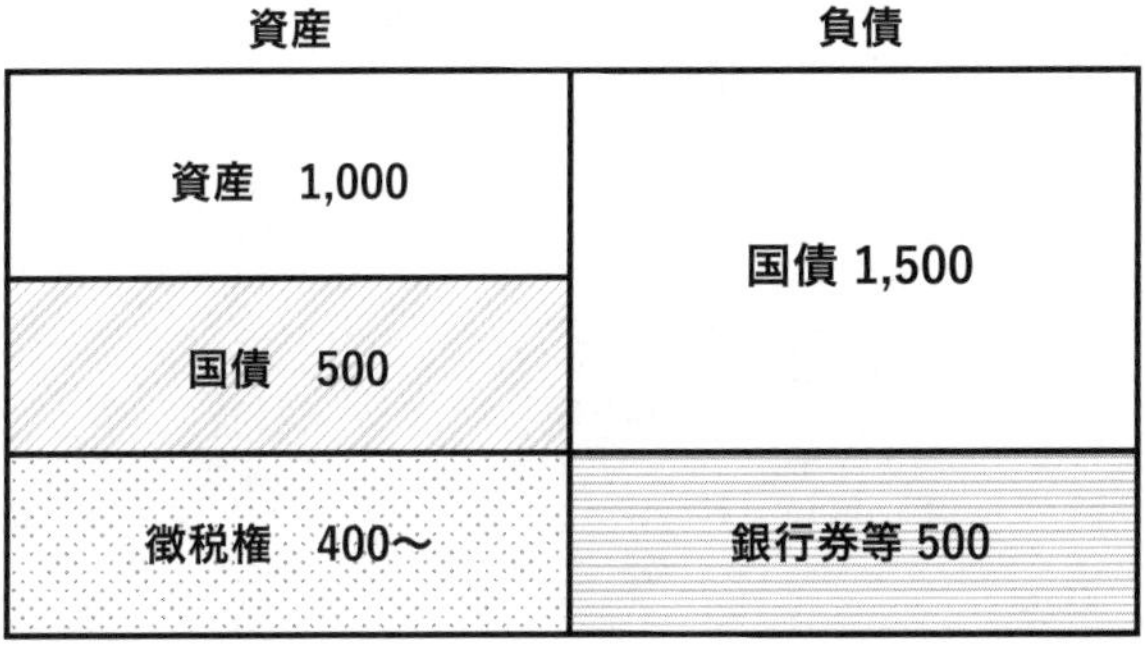

財務省資料より筆者が作成

統合政府BSとは、政府および政府の子会社である中央銀行（日銀）のBSを合体させ、左側に「資産」、右側に「負債」をまとめた表のこと。95年ごろに大蔵省時代の筆者が、最初にこれを作った。

金融政策では、日銀は政府から独立しているが、会計的には連結対象となる。これは世界のどの国でも常識とされていることだ。

財政問題があると主張する人たちは、統合政府BSの右側（負債）だけを見て騒いでいる。しかし、大事なのは負債の総額ではなく、負債と資産の差し引き額だ。

統合政府BSを見ると、ざっくり資産が１５００兆円、負債が国債１５００兆円、銀行券等が５００兆円。銀行券は無利子無償還なので、形式上は負債だが、事実上負債ではない。日銀の負債と資産を合体させれば、政府の負債は相殺されるため、何の問題もない。

では、一体誰が財政危機をあおっているのかといえば、それは財務省だ。なぜなら、財務省は隙あらば増税する機会を窺っているためだ。日本の財政が危機ということにしておけば、増税の根拠にできるとでも思っているのだろう。

財務省と関係の深い岸田政権下では、財政危機をあおるプロパガンダが一層エスカレートしている。

無理な「賃上げ論」で雇用が悪化

二つめに「最低賃金引き上げ論」だ。左派系の運動家や政治家は、しばしば労働者の最低賃金の引き上げの必要性を説くが、無理な賃上げはかえって雇用を悪化させる。

先に賃金上昇のメカニズムを解説しておくと、まずは金融緩和政策などを実施して雇用を確保する。その後、経済成長するにつれて相対的に人手不足になっていき、そこからようやく賃金が上昇していく。

しかし、岸田政権は22年8月、最低賃金を31円も引き上げてしまった。その前年の失業率は2・8％。この数字を踏まえると、最低賃金は2・7％増、金額にして25円が引き上げられるぎりぎりのところだった。

しかも、失業率2・8％は実力通りではない可能性がある。なぜならコロナ対策で雇用の確保を最優先して、雇用調整助成金を充実させたため、本来の失業率はもっと高い可能性もあるからだ。

そう考えると、せいぜい20円程度の引き上げが限度といったところだ。いくらなんでも31円は上げすぎだったと言わざるを得ない。

最低賃金と引き上げ額の推移　単位：円

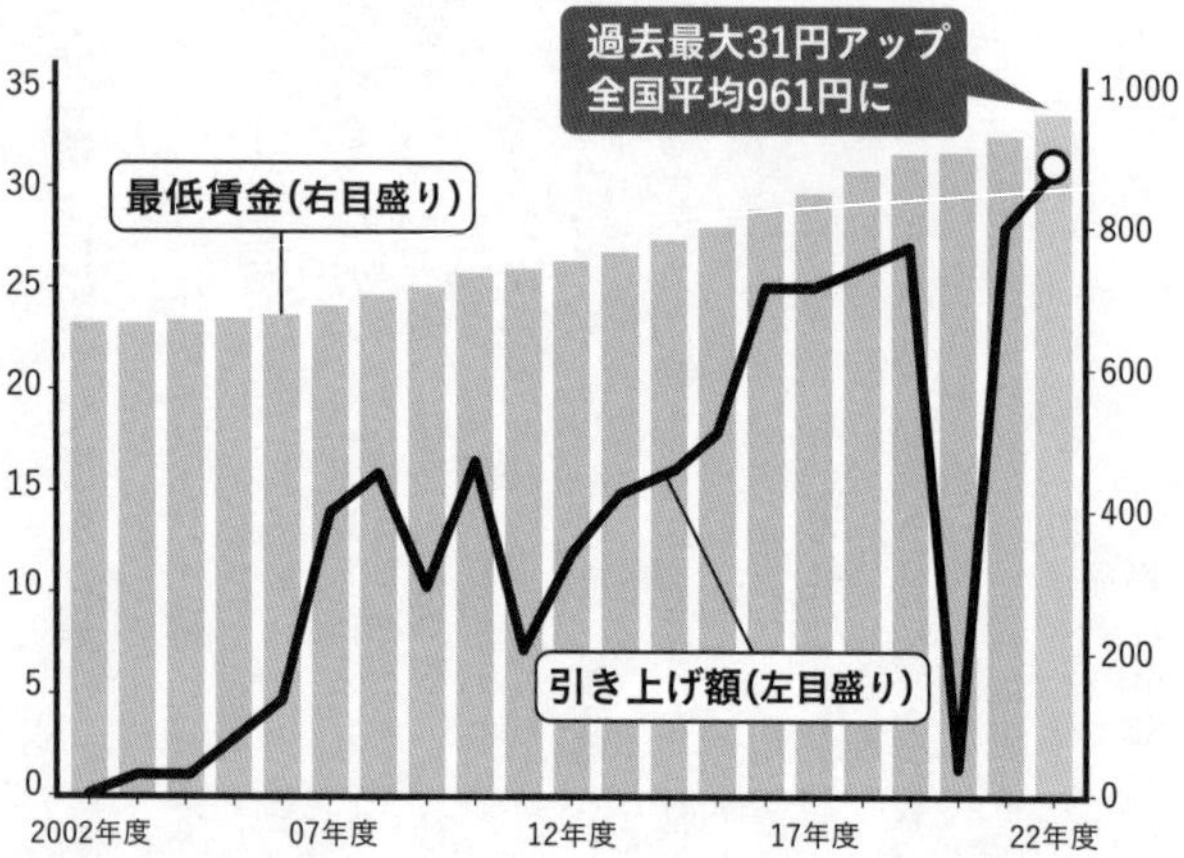

厚生労働省資料より

旧民主党政権もこの最低賃金で失敗した。10年のときに前年比17円、2・4%も最低賃金を引き上げてしまった。前年の失業率が5・1%だったから、そこから導かれる引き上げ率はせいぜい0・4%程度が無理のない範囲だった。

最低賃金をどのような伸び率にするのがいいか。これはマクロ経済の雇用の観点から合理的に導き出せる。

GDPギャップがわかれば、その半年先の失業率をある程度は予測できるし、雇用状況を反映した賃金もわかる。こうした関係を整理すると、最低賃金の上昇率は5・5%から前年の失業率を差し引いた程度がいい。

つまり最低賃金を上げるには、まず雇用の確保が先決であり、そのためにはGDPギャップを縮小させなければいけない。これはマクロ経済学の基本である。

学者のなかには、「労働生産性を上げることが賃金の上昇につながる」と考える人もいる。

しかし、相対的に労働生産性の高い人ほど高い賃金が得られるのはミクロ的な見方であり、マクロとして全体の底上げにはならない。経済成長のもとで生じる人手不足こそが、賃上げには必要だ。

これは経済学で「合成の誤謬」といわれるもので、ミクロでは正しいが、マクロでは思わぬ逆効果をもたらすという考え方である。

岸田政権はそういうマクロ経済の意識が欠けていて、最低賃金を実力以上に引き上げてしまったのだ。

貧困女子を使った「格差・貧困論」でPV稼ぎするマスコミ

三つめに、誤った情報に基づいた「格差・貧困論」にも注意が必要だ。

しばしばマスコミは、まるで「世界で日本だけが経済格差や貧困にあえいでいる」とい

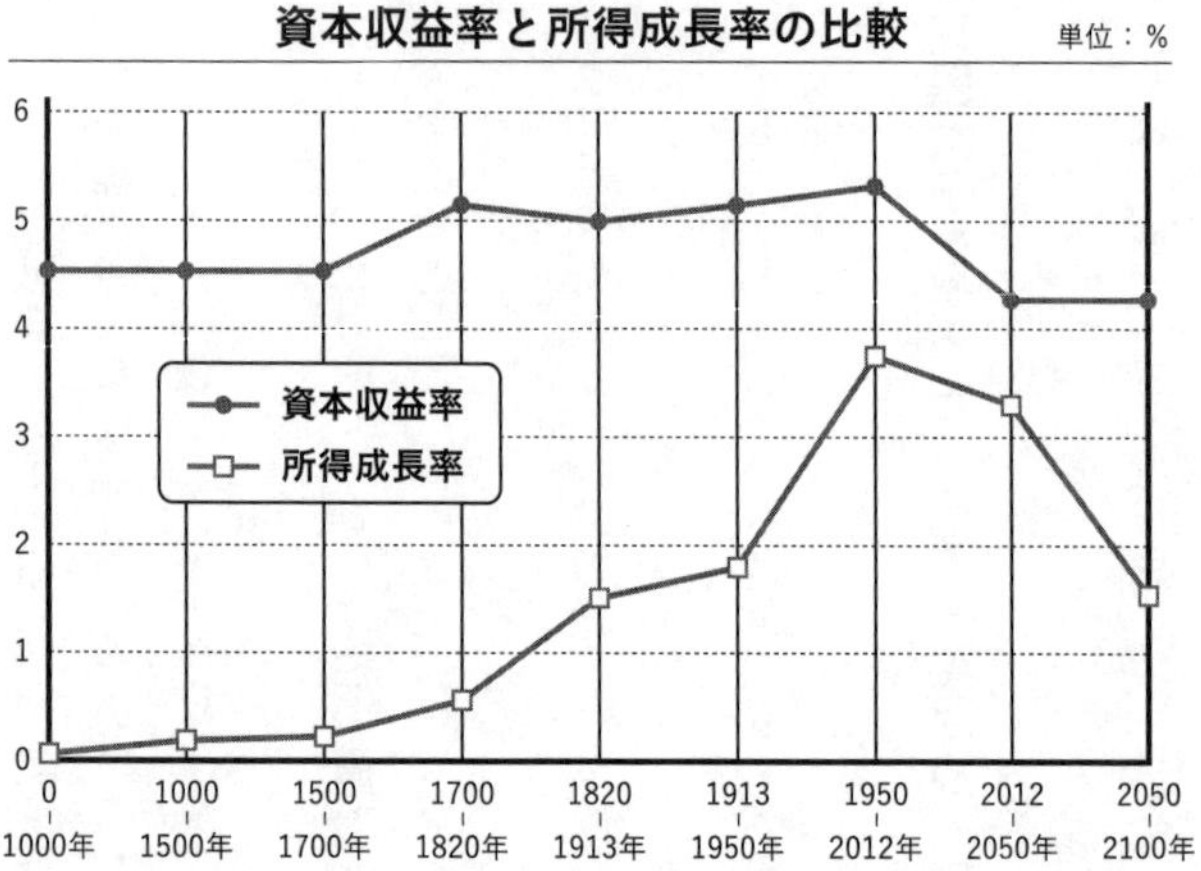

piketty.pse.ens.fr/fr/capital21cより

うような論調で記事にする。しかし、それは全く根拠のない俗論だ。

ここでは格差と貧困の問題を分けて検証しよう。

最初に格差の問題だが、世界ではいま富裕層と貧困層の格差が拡大しており、なかでも米国と中国はケタ外れになっている。

トマ・ピケティのベストセラー『21世紀の資本』（みすず書房）では、資本収益率（ほぼ4〜5％）が所得成長率（1％前後）よりも高いことを各国の歴史データで示した。

これを高所得者と高資産保有者がますます富むことの理由に挙げ、日本だけでなく多くの国で格差拡大につながっているという事実を指摘した。

OECD主要国のジニ係数の推移　単位：ジニ係数

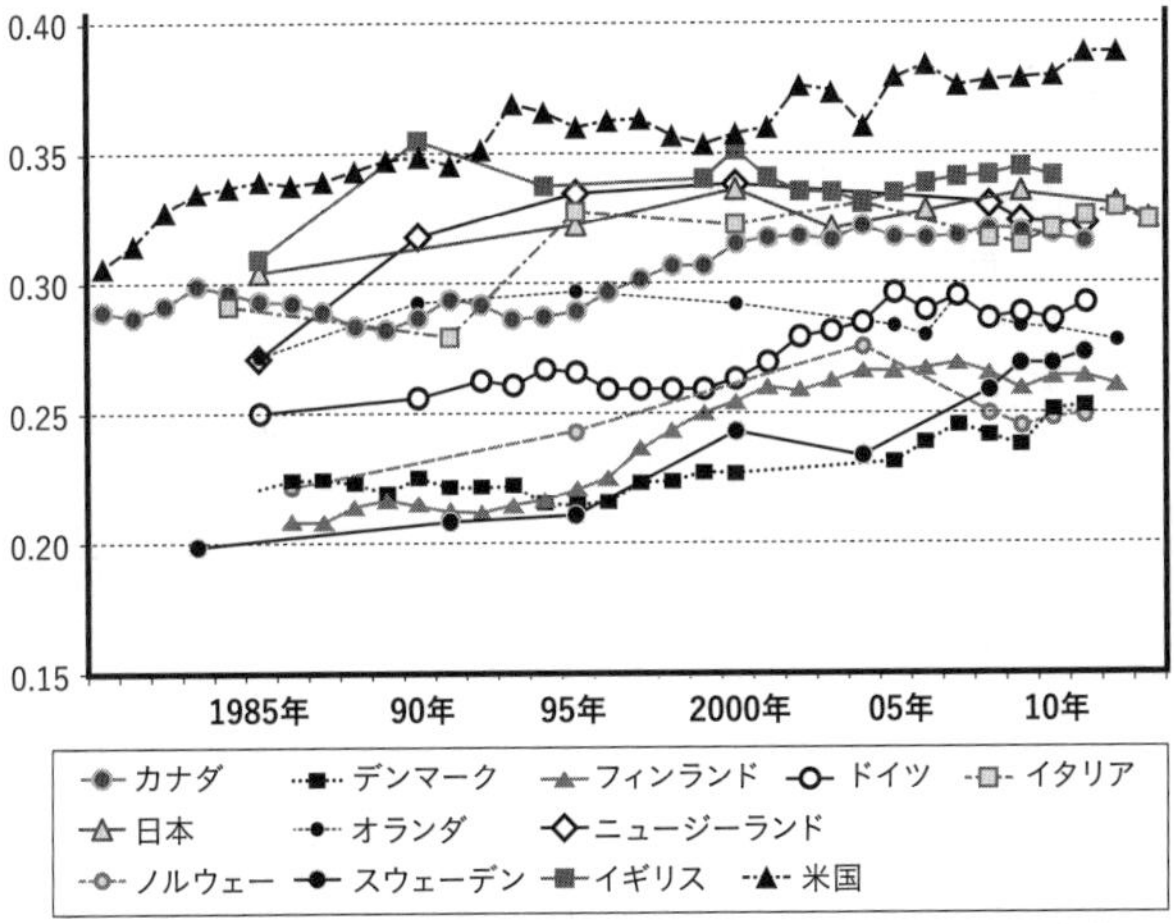

厚生労働省資料より

資本主義では、資本収益率が所得成長率より高いのが常で、先進国でも格差は拡大する。こうした現状を打破するために資本課税の強化をすべきだとピケティは主張した。

たしかに、世界全体において昨今の格差拡大はいきすぎだろう。それを是正するには、やはり資本課税の強化が必要だ。

ただ、日本の場合は相続税負担が海外より高い。そのため、税制よりは税の執行、つまり番号制の拡充や歳入庁の導入で、税の徴収そのものを公平にする。そのうえで、日本の高い相続税制を活用して、その経済成長により格差を是正したほうがいい。

そもそもの話でいえば、日本での経済格差は、小泉構造改革以降もそこまで広がっていない。それは、社会における所得の不平等さを示す指標「ジニ係数」で、ほかのＯＥＣＤ加盟国と比べても明らかだ。

次に貧困問題だが、たとえば頭の悪い記者ほど「若い女子の貧困が増えている」などと主観的な価値判断でクローズアップし、左派系がそこになだれ込む。こういう人たちは定量的に経済を語れないから、定性的な議論をするしかなくなる。

まずは言葉の正しい定義を確認したい。その国の貧困度合いを測る指標には「相対的貧困率」と「絶対的貧困率」の２種類がある。

前者の場合、これをいくら下げようと頑張っても下がらない。なぜなら全体的に収入が上がれば、相対的に下がる人もいるからだ。

これに対して後者は、そもそも生活できているかというレベルの話だから、世界的にはこちらのほうが重要なテーマだ。そこへいくと、日本の絶対的貧困率は低い。

弱者の経済学には明快な答えがなく、感情論に訴えた結論ありきの誤った言説も多い。

前項で紹介した最低賃金引き上げ論も、格差と貧困の縮小という文脈で語られがちだ。

そういうデータのない定性的な議論に惑わされてはいけない。

保険の原理を知れば「年金破綻論」がウソとわかる

四つめは「年金破綻論」だ。

以前、年金は破綻するというスタンスで、マスコミが筆者に取材にきた。そのとき「どうして破綻するのか?」と記者に尋ねると、その人は高齢化でどうのこうのと答えていた。「年金は保険だけど、それは知っている?」と聞くと「知らない」という。どうやら保険の原理も知らないようだ。

年金が保険である理由は、亡くなった人は年金をもらえず、その分を生きている人に渡すというとてもシンプルな仕組みだから、そうそう破綻などするはずもない。

ざっくりいえば、年金は最長で20歳から70歳まで50年間支払い、71歳から90歳までの20年間もらうといった感じだ。

支払う年金保険料は、普通の会社員なら給料の２割くらいだ。その２割の保険料を50年間払っている。つまり、50年×20%で１０００%になる。払い終わったときには、自分の年収の10倍になる計算だ。

そして老後の20年間で給料の50％をもらう。そうすると20年×50％で１０００％となり、先ほどの年金保険料と同じ額になる。

こういう計算ができない人に限って、年金制度が破綻するというデマにだまされる。

また、若者のなかには「将来の受取額が減るから年金は支払いたくない。その分を貯蓄に回したい」と思う人も少なからずいるようだ。

しかし、年金は税金と同じ仕組みだから、もし払わなければ本来は脱税となり、ずっと払わなければいずれ強制徴収される。

だが、いまの日本年金機構には温情があるというか、「払わない人は年金をもらえなくなりますよ」という言い方だけをしているから、何となく甘く感じるかもしれない。ここを多くの人が完全に誤解している。

いずれにせよ、年金を払わないと大変なことになるし、老後が苦しくなることは間違いない。

「少子高齢化危機論」は１枚のグラフで論破できる

五つめに、「少子高齢化危機論」を紹介したい。

これはいずれ、財務省のさらなる増税ネタに使われる危険性をはらんでいるため、いまのうちにだまされないよう知識を身につけておこう。

実際、財務省のホームページを見ると、19年10月の消費税率引き上げの理由についてこう書かれている。

「社会保障制度の財源は、保険料や税金だけでなく、多くの借金に頼っており、子や孫などの将来世代に負担を先送りしている。少子高齢化が急速に進み、社会保障費は増え続け、税金や借金に頼る部分も増えている。安定的な財源を確保し、社会保障制度を次世代に引き継ぎ、全世代型に転換する必要がある。こうした背景の下、消費税率は10％に引き上げられた」

だが、少子高齢化におびえる必要は全くない。ある程度、将来推計人口もわかっているからだ。それを解説するに当たり、高齢化と少子化を分けて論じよう。

まずは高齢化だが、これはいずれ頭打ちになる。一定値までは上昇するが、それ以上は

高齢化の推移と将来推計 単位：万人（左）、％（右）

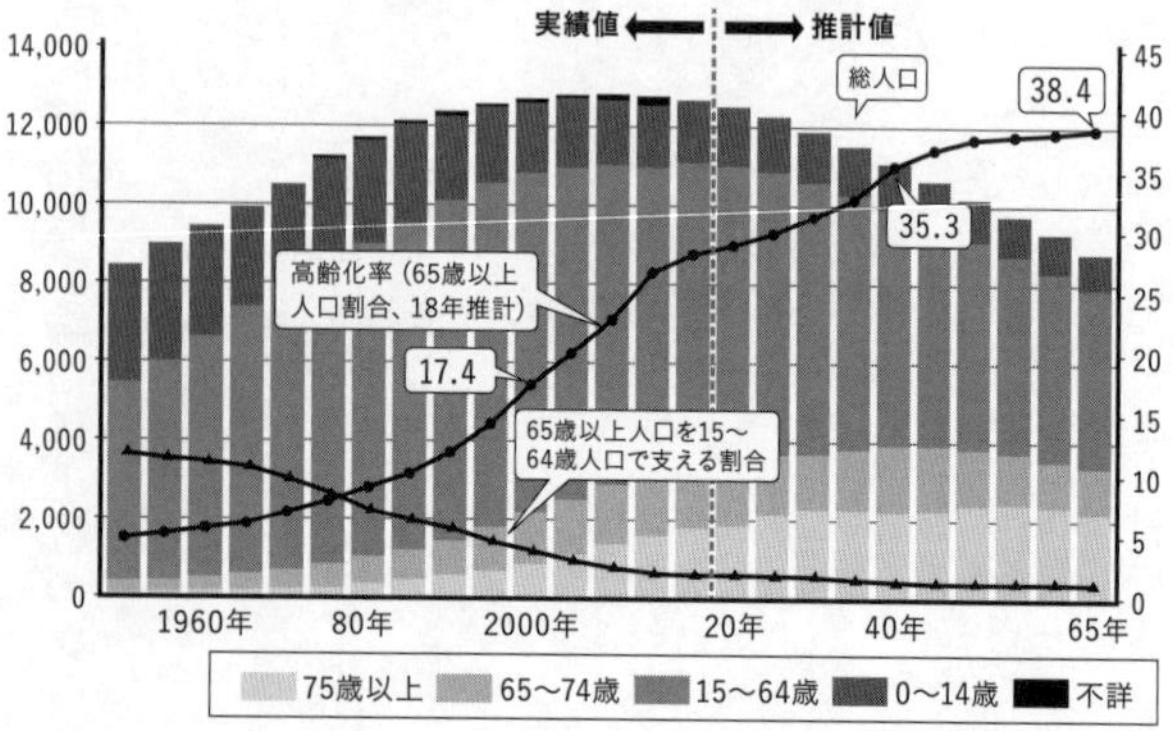

厚生労働省「高齢社会白書」より

変化が緩やかになり「飽和曲線」となって鈍化してくる。これは日本の総人口に占める65歳以上の高齢者数の割合、つまり高齢化率で考えればすぐにわかる。

当たり前だが、高齢化率が１００％を超えることはない。では日本の高齢化率は将来どこまで上昇するのか。その答えは、厚労省の『高齢社会白書』に示されている。

それを見ると、２０６５年に38・４％になる。これを00〜40年の間だけ切り取って「17・４％から35・３％と約２倍になる」と恐怖をあおる人もいるが、40〜65年で切り取れば「35・３％から38・４％で約３％しか増えない」という結論を導き出せる。

このように、どこかで頭打ちになるのは自然の摂理だ。もし直線的に右上がりが続くようなら、それは子どもが全く生まれていないのと同義で、日本の人口があっという間にゼロになることを意味する。そんなことはまずあり得ない。

次に少子化だが、これも同様だ。どこかで底打ちして飽和曲線になる。ある程度はゼロに近づくかもしれないが、国が滅びない限り決してゼロにはならない。

マスコミなどが少子高齢化をおどろおどろしく報じるから、本当は危機でも何でもないのに、国民は恐怖を覚えてしまうのだ。

「人口減少危機論」をあおる黒幕は地方公共団体

六つめは「人口減少危機論」だ。国立社会保障・人口問題研究所によれば、日本の人口は２０６５年に約８８００万人にまで減少するという。この発表を受けて、17年ごろから人口減少により日本経済の衰退をあおる俗論が増えた。

しかし、先進国のデータを散布図にしてとってみると、人口増減率は一人当たり実質ＧＤＰ成長率と無相関であることがわかる。

仮に日本の人口減少が進んだところで、ＧＤＰ成長率に対して最大０・６％の影響が出

先進国の人口増減率と一人当たりGDP成長率

単位：%

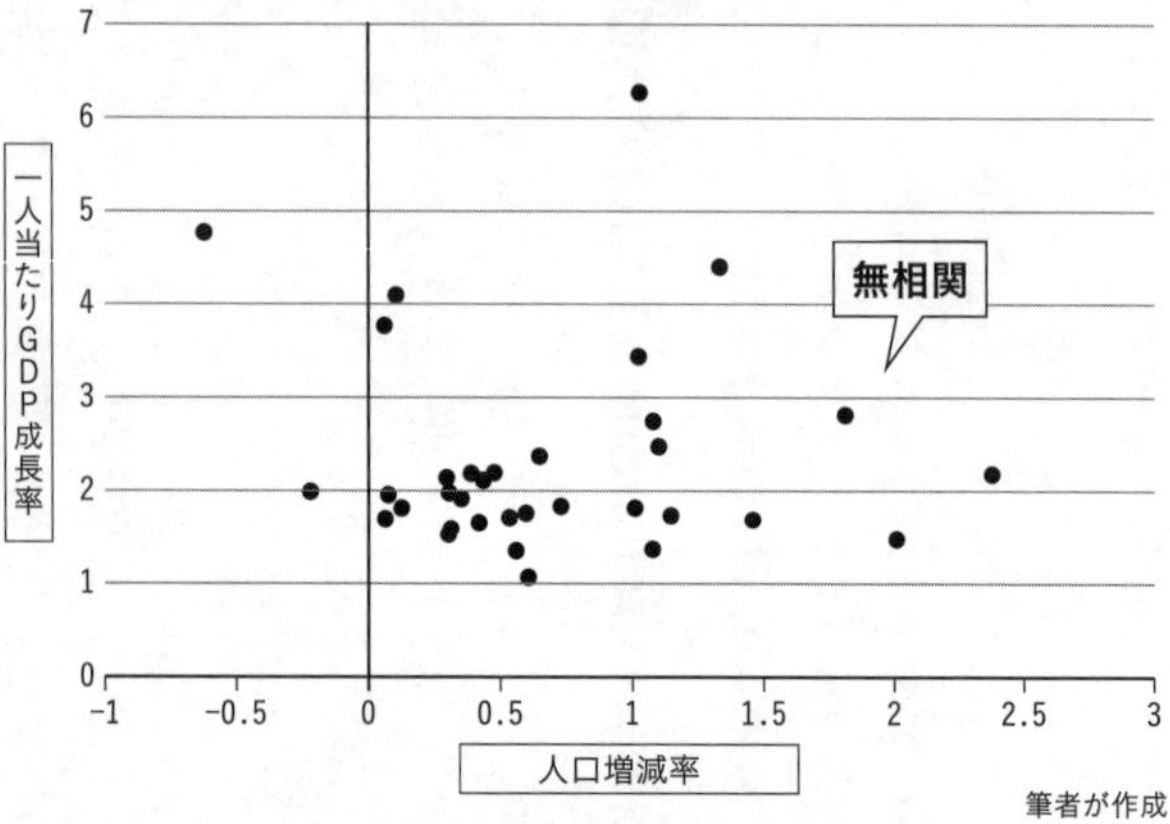

筆者が作成

世界（208カ国）の人口増減率と一人当たりGDP成長率（2000-17年）

単位：%

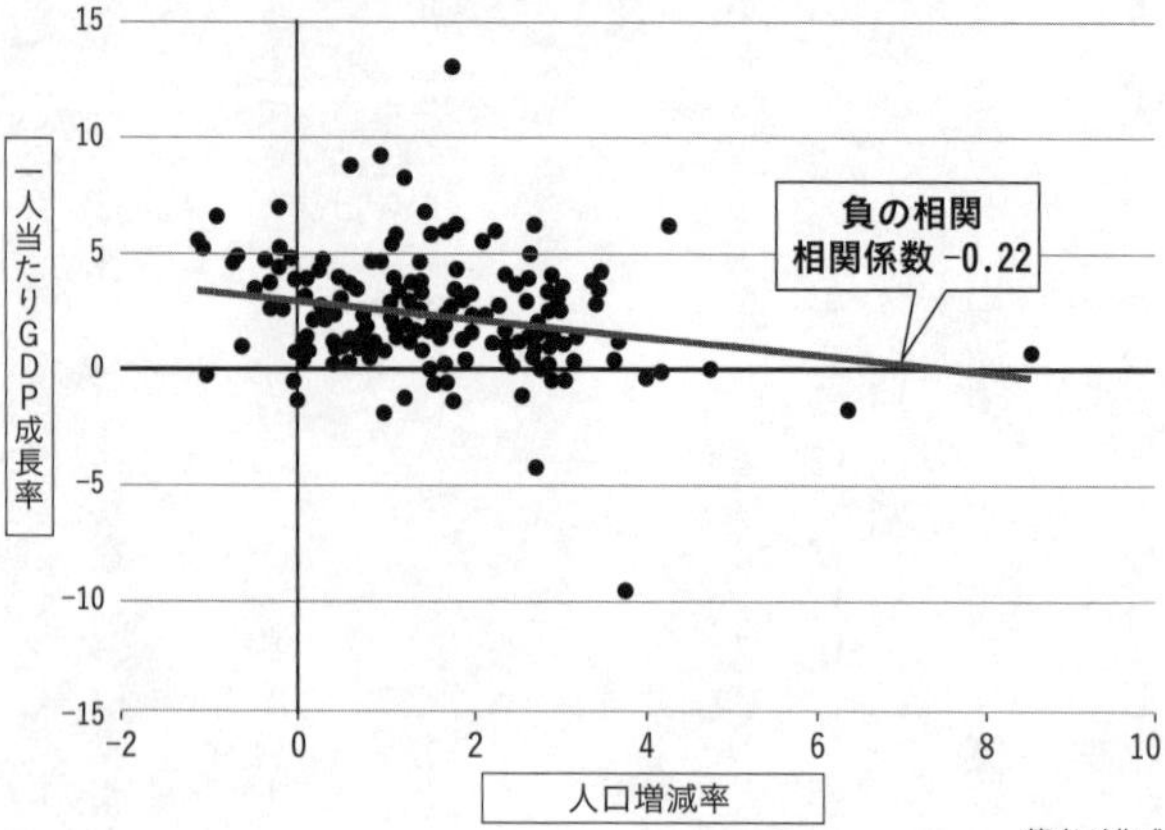

筆者が作成

るかどうかという程度だが、それも女性や高齢者の積極的な就業、人工知能（ＡＩ）による生産性向上などでカバーできる。

むしろ人口が増えすぎるほうが問題だ。これは、イギリスの経済学者トマス・ロバート・マルサスが１７９８年に著した『人口論』でも証明されている。

最近の経済成長理論でも、人口増加は一人当たりの資本を減少させるため、貧困の原因とされている。

ちなみに世界２０８カ国において、各国の２０００〜17年の平均人口増減率を横軸に、平均一人当たりＧＤＰ成長率を縦軸とすると、右下がりのグラフになる。つまり、人口増加が進むほど貧しくなる傾向を示している。

では、果たして人口減少で困るのは誰なのか。その正体を探れば、危機論をあおっている黒幕がわかる。

主に人口減少の危機が取り沙汰されているのは、過疎化している地方だ。一方で、地方から出た人のゆき先は東京や地方中核都市で、むしろ人口が増えている。つまり人口問題は、過疎地域の自治体だけの問題だ。

本来なら、住民がいなくなればその自治体を閉鎖すればいいだけだが、自治体側は自分たちの食い扶持がなくなると困るからそうしたくない。だから人口減少危機論を唱える。

つまり黒幕の正体は、地方公共団体の関係者ということになる。

日本経済を破滅へと導く「消費増税必要論」

七つの俗論の最後を飾るのは「消費増税必要論」だ。

過去のデータを見ても、増税が行われるたびにGDPを大きく低下させてきた。そのため、ノーベル賞を獲った経済学者や著名エコノミストのほとんどは、消費増税に反対の立場だ。

しかし、財務省色の強い岸田政権は、常に消費増税のタイミングを虎視眈々と狙っている。たとえ国の税収が増えていようがお構いなしだ。

22年11月、同年度の一般会計税収が68兆3500億円あまりとなり、過去最高だった21年度実績を上回る見通しだと報じられた。

コロナ禍にもかかわらず、なぜ税収が過去最高になるのか疑問を持つ人も多いだろう。

これは一言でいうと、経済対策を講じたからだ。とくに大きいのは雇用調整助成金で、これによって失業者が少なかったため所得税が増えた。また、コロナ禍でダメージを受け

消費税導入時期と実質GDPの成長率　単位：％

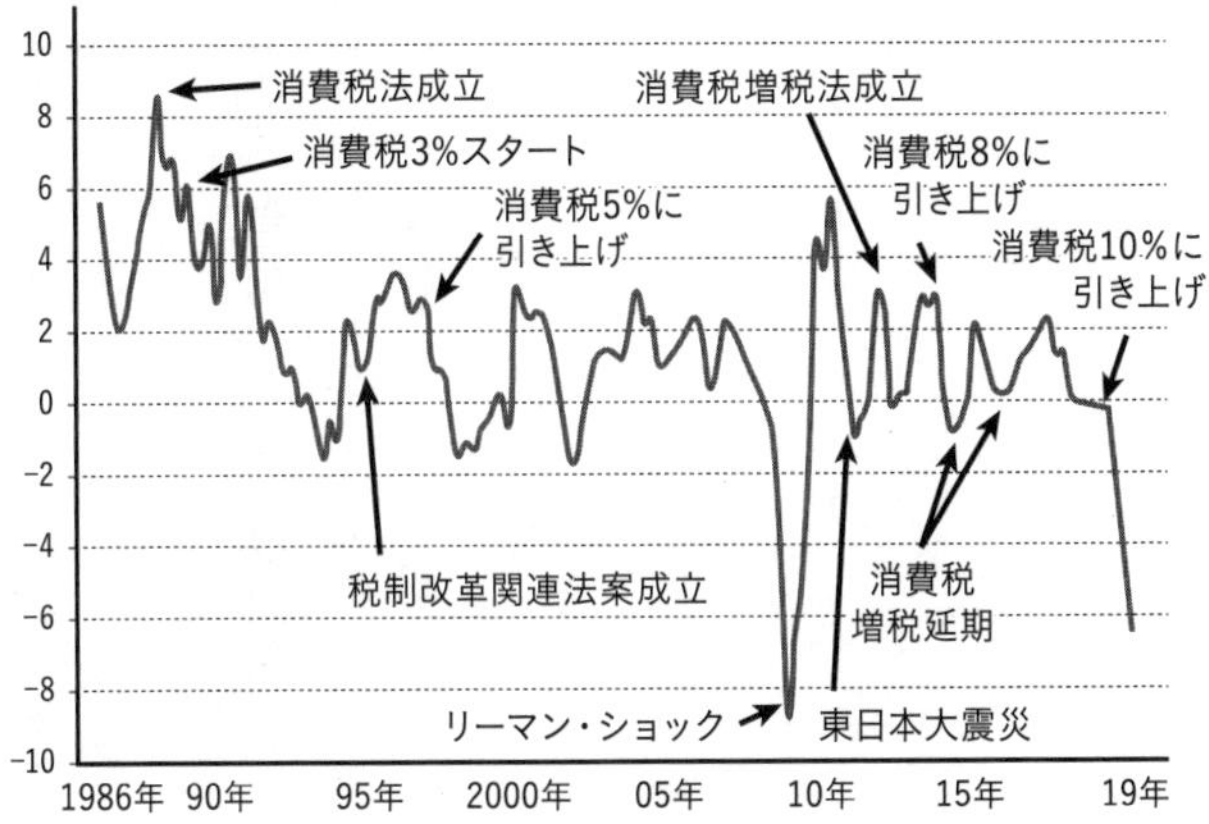

筆者が作成

た飲食業など以外の企業にもずいぶんお金をばらまいた。こういうのはダメだという人もいるが、税収が増えたのはばらまきの結果だ。

それに加えて、円安も好調の一因だった。国は儲かっているにもかかわらず、内閣府の税制調査会や財務省の財政制度等審議会では、まるでお経を唱えるように「増税すべきだ」と言いまくっている。

とくに日本は消費増税という愚策によって、経済が落ち目になるのを繰り返しているにもかかわらず、さらに防衛費にかこつけて増税しようとしているのだ。

そもそも、なぜ財務省はそれほどまで増税に躍起になるのか。

その理由として、増税すれば財務省の予算権限（歳出権）が強くなり、各省に対して恩を売ることができる。その結果、財務官僚たちの将来の天下り先の確保にもつながるからだ。

マスコミも岸田政権も、財務省の手のひらの上で踊らされているのが本当によくわかる。こういう人々が「悪い円安論」を唱えて利上げや増税をたくらみ、経済の悪循環をつくろうとしているのだ。

参考文献一覧

高橋洋一『【図解】ピケティ入門 たった21枚の図で『21世紀の資本』は読める!』(あさ出版、2015年)
高橋洋一『中国GDPの大嘘』(講談社、2016年)
高橋洋一『「年金問題」は嘘ばかり ダマされて損をしないための必須知識』(PHP研究所、2017年)
高橋洋一『未来年表 人口減少危機論のウソ』(扶桑社、2018年)
高橋洋一『FACTを基に日本を正しく読み解く方法』(扶桑社、2020年)
高橋洋一『国民のための経済と財政の基礎知識』(扶桑社、2021年)
高橋洋一『財務省、偽りの代償 国家財政は破綻しない』(扶桑社、2022年)
高橋洋一『安倍さんと語った世界と日本』(ワック、2022年)

※右記のほかに、筆者のYouTubeチャンネル「髙橋洋一チャンネル」を参照。
本文中のデータの多くは国内外の各省庁、国際機関の公開内容から抜粋。
公知の事実関係については、各通信社や新聞社、メディアを参照

帯写真／難波雄史
構成／岡田光雄、大根田康介

高橋洋一（たかはし よういち）

1955年東京都生まれ。数量政策学者。嘉悦大学ビジネス創造学部教授、株式会社政策工房代表取締役会長。東京大学理学部数学科・経済学部経済学科卒業。博士(政策研究)。1980年に大蔵省(現・財務省)入省。大蔵省理財局資金企画室長、プリンストン大学客員研究員、内閣府参事官(経済財政諮問会議特命室)、内閣参事官(内閣総務官室)、内閣官房参与等を歴任。小泉内閣・第一次安倍内閣ではブレーンとして活躍。「霞が関埋蔵金」の公表や「ふるさと納税」「ねんきん定期便」などの政策を提案。2008年退官。菅義偉内閣では内閣官房参与を務めた。『さらば財務省!』(講談社)で第17回山本七平賞受賞。そのほかにも著書、ベストセラー多数。

扶桑社新書462

円安好況を止めるな！

金利と為替の正しい考え方

発行日 2023年5月1日　初版第1刷発行

著　　者………高橋 洋一
発 行 者………小池 英彦
発 行 所………株式会社 扶桑社
〒105-8070
東京都港区芝浦1-1-1 浜松町ビルディング
電話 03-6368-8870（編集）
03-6368-8891（郵便室）
www.fusosha.co.jp

DTP制作………Office SASAI
印刷・製本………株式会社 広済堂ネクスト

定価はカバーに表示してあります。

造本には十分注意しておりますが、落丁・乱丁（本のページの抜け落ちや順序の間違い）の場合は、小社郵便室宛にお送りください。送料は小社負担でお取り替えいたします（古書店で購入したものについては、お取り替えできません）。

なお、本書のコピー、スキャン、デジタル化等の無断複製は著作権法上の例外を除き禁じられています。本書を代行業者等の第三者に依頼してスキャンやデジタル化することは、たとえ個人や家庭内での利用でも著作権法違反です。

©Yoichi Takahashi 2023
Printed in Japan　ISBN 978-4-594-09411-9